国家出版基金项目
NATIONAL PUBLICATION FOUNDATION

“十三五”国家重点出版物出版规划项目
国家出版基金项目
世界公益与慈善经典译丛

IMPACT INVESTING

TRANSFORMING HOW WE MAKE MONEY WHILE MAKING A DIFFERENCE

影响力投资

创造不同，转变我们的赚钱思维

安东尼·巴格—莱文
(Anthony Bugg-Levine)
杰德·艾默生　著
(Jod Emorcon)

罗熙昶　译

个人财富如何改变世界

上海财经大学出版社

图书在版编目(CIP)数据

影响力投资:创造不同,转变我们的赚钱思维/(美)安东尼·巴格—莱文(Anthony Bugg-Levine),(美)杰德·艾默生(Jed Emerson)著;罗熙昶译. 一上海:上海财经大学出版社,2018.12
(世界公益与慈善经典译丛)
书名原文:Impact Investing
ISBN 978-7-5642-3148-4/F·3148

Ⅰ.①影… Ⅱ.①安…②杰…③罗… Ⅲ.①慈善事业-社会投资-研究
Ⅳ.①C913.7②F830.59

中国版本图书馆 CIP 数据核字(2018)第 254796 号

□ 责任编辑 李成军
□ 书籍设计 钱宇辰

影响力投资
——创造不同,转变我们的赚钱思维

安东尼·巴格—莱文
(Anthony Bugg-Levine) 著
杰德·艾默生
(Jed Emerson)
罗熙昶 译

上海财经大学出版社出版发行
(上海市中山北一路 369 号 邮编 200083)
网 址:http://www.sufep.com
电子邮箱:webmaster @ sufep.com
全国新华书店经销
上海华教印务有限公司印刷装订
2018 年 12 月第 1 版 2018 年 12 月第 1 次印刷

787mm×1092mm 1/16 10 印张(插页:2) 213 千字
印数:0 001—2 000 定价:42.00 元

图字:09-2018-84 号

Impact Investing: Transforming How We Make Money While Making a Difference

Antony Bugg-Levine Jed Emerson

献给阿哈迪(Ahadi)

——安东尼的精神支柱和指引者

献给米娅(Mia)

——杰德的同路人和合作伙伴

不要努力追求成功,而要努力成为一个有价值的人。

——阿尔伯特·爱因斯坦(Albert Einstein)

前言

欢迎来到前言部分，这里，作者设定期望，解释之所以写下我们所做工作的原因，还会解释你为何要阅读本书的原因。为了确保意见完全一致（在某种程度上），在开始的时候，我们想把某些事情说清楚。

本书不会告诉你如何更有效地投资自己的资金。

公平一点讲，我们也不会告诉你如何随意地投资自己的资金。我们想，现在市面上已经有很多书籍，可以帮助你达成自己的投资目标。

本书不会指导那些对战略性慈善行为有兴趣的人，也不会告诉你怎样成为一个更好的捐款者。

我们不会提出十大建议来帮助你：

以更少的成本赚得更多的钱；

干得满意和干得好；

评价哪些超出了估值；

有目的地追求盈利。

本书不是一份参加野餐聚会的邀请函。诸如像编织毛毯、品酒、品尝自己喜爱的面包、欣赏桌布这些琐事，也不在本书描述的范畴之中。

相反，我们邀请你进入一片黑暗的树林，这里，你会超越自己习以为常的舒适界限，不再遵循日常惯例，也不会身处安全的家庭之中。激动人心的事情正在发生。这里，有许多从未见过的新事物。以一种全新的、迷人的方式，它们不断地移动，并相互影响。它们在建造着我们以前完全无法想象的美丽建筑，而且也不会长时间地被拘束在这片树林里。

这些事物是影响力投资的先驱，通过有意识地改变社会和环境的条件，将价值和一系列可产生财务回报的战略投资结合在一起。人们本以为，投资的唯一目的是赚钱，或者慈善是解决社会问题的唯一途径，但是，这些已经大不相同。影响力投资者在向我们展示，当用一种整合的方法来追求财务、社会和坏境的绩效时，我们能够做些什么。换句话说，营利性投资怎样才能有助于解决社会问题。

我们撰写本书，旨在分享对于当前事情的激动之情。尽管受到虫子叮咬、夜晚无比寒冷和鞋袜十分潮湿，但探索这样一片树林是一段很棒的探险经历。我们受到路途上偶遇之人的启发，也受到他们所追求事物的启迪。因此，我们想与你分享其中某些令人兴奋的经历。

一份野餐不会给你带来很多益处，所以我们将这本书和你所需要的一切都放进你的探险背包里。

● 在手电筒的光亮下，我们聚焦于某些最有意思的事物上，而且也会让你看到它们所创造的生活及所构建的价值。

● 在探照灯的照耀下，我们阐明了这些事物如何在越来越复杂的生态系统中互相影响，并且在合作中变得更加强大。

● 在地图的指引下，我们能够找到你可以参与的事物，或者说你可以自己创造新生事物的空间。

树林里到处都是生命。似乎每一周，我们都听说有新投资者在采用整合方法来处理其资产管理——这不是社会结果和财务结果之间的交易，而是对于成分之间互补的理解，那些成分集合在一起，会为股东和利益相关者产生一种综合价值。事物发展如此迅速，以至于我们每完成一个章节初稿的时候，都觉得内容已经过时了！

我们不会自负地认为，只在我们创造出综合价值和影响力投资两个专业词汇期间的那些年份，这些树林才涌现出来。这些树林至少自17世纪以来就存在了，当时，贵格会(Quakers)明确地表达出对信念、贸易和社区综合价值的展望。我们怀着感激之情，走在一条前人所铺设的道路上，它们激情四溢地呼吁投资者、慈善家、商人和社会企业家采取一种整合的方法，对待社会和财务价值的产生。

我们也不会吹嘘影响力投资。对于很多人来说，致力于财务性投资和慈善捐赠相互分开的传统模式，毫无疑问，也继续成为一种条理清楚且有吸引力的投资模式。我们承认，在几十年的时间内，许多资金和业务活动将会保持传统的主流投资方式，并且用传统方法归集、管理和评价。而且，现有的激励机制会继续指导许多传统型投资顾问、慈善顾问，他们支持这种传统的、多元化的方法，仍然用它指导财富管理和慈善捐赠。

也许，最重要的是，我们清楚地意识到，市场(无论是资本，还是产品，抑或是服务)无法完全满足人类社会的需求或者我们的要求。这种情况也没有预示会产生一个民间社团对抗以市场为基础的解决方案。慈善组织和政府的支持非常关键，而且将来也一样。只是它们不足以完全应对当前的任务。

当我们把这些影响因素牢记在脑海中时，综合价值的影响力投资为我们提供了一种整合方法，该方法有助于我们更好地创造可持续发展的长期价值。相较于民间社团组织、政府或是主流市场分别单独运作而言，最优秀的影响力投资者正在向我们展示，我们还可以合理地从投资和慈善中更多地得到些什么。

影响力投资对新兴市场的规模、广度影响日益深远，随着人们对这种影响认知的增长，即将瓦解以传统方式组织企业、投资和慈善的系统。然而，这些市场干扰将会越来越多地为机构和企业家创造机会，其中，企业家能够提供新的解决方案。

而且这还不包括全部：

● 投资顾问已面临着客户向其索要投资建议，要实现既能产生社会回报，又能产生良好财务绩效的投资。

● 在利润和目的的十字路口，企业家正在发展一种业务模式和基金，尽管在现有的监管和资金筹集系统里，很难将两者兼收并蓄。

● 有才华的年轻人对就业机会的渴求日益增加，这些机会使他们有机会表达对社会和环境问题的看法。参加一年一度的企业慈善晚会，或参加公益活动，抑或是参与传统的非营利性活动，业已无法满足这种渴求，这些方式都忽视了业务的积极性潜力。

● 各国政府通过调整现有法规来支持其混合价值观，正在逐渐跟上这些企业家和投资人的脚步。

随着共享综合价值观的出现，以及影响力投资资本市场壮大，参与者越来越意识到集体的力量，并且看到即将到来的机会，有些人适应现有系统，能够抓住应对最大化公平性和经济绩效的新需求。

将这些投资先驱者想象成飞鸟吧。他们单独飞行时，看起来很有趣，但是，也很容易被人们所忽视。然而，正如阿尔弗雷德·希区柯克(Alfred Hitchcock)的任何一名粉丝都知道，当它们成群飞行时，就会成为一股强大而具有破坏性的力量。当这群飞鸟集体离开树林时，又会怎样呢？农村人和城市人最好注意点。当鸟群到来时，现在让我们的农场和城市稳定而繁荣的系统，就再也不会跟以前一样了。

在我们无助地迷失在这片比喻意义上的树林之前，这里，我们将按以下步骤展开本书的内容。

第一部分描述影响力投资领域的动态情况，看看我们如何到达这里，并预测我们将会走到哪里。

第一章回顾影响力投资的演变。多年以来，在很多部门和地区中，影响力投资的核心理念已经在许多市场和社区发挥了作用。这些经验证实，我们可以在处理社会和环境问题的同时，投资产生利润回报的企业，让补贴与私人投资一起发挥其应有的作用。我们可以学习这些经验，以提高绩效表现，并推动这个处于演变中的资本市场加速发展。

第二章分析国际发展领域中所实施的影响力投资，总结过去50年的经验，并吸取其中的教训。

第三章谈及小额信贷，它萌发于世界最穷的某些国家，在那里，市场和政策遭遇持续失败，产生了焦土政策，这被一些人吹嘘为资本力量的典范，也被另一些人视作唯利资本主义野蛮运作后所遗留的灾难。我们对这两个方面都进行了研究，因为这可以让我们更加全面地理解影响力投资行业。

第四章说明了影响力投资，一方面在为社会企业家和支持他们的人创造机会，另一方面也带来复杂性。因为有些时候社会企业家必须为面临混乱选择的捐赠人和投资者指明方向。

第五章描述了影响力投资的框架，预测下一步其可能的发展方向，以及风险投资者和企业家有可能重点关注的某些领域。

第二部分探讨了具备综合价值观的影响力投资如何刺激新系统的产生，来组织投资和慈善事业。在这个两分投资法的世界中，对那些安全地选择其中一边的人来说,我们现有的系统和从业经验很有效,他们可以选择传统的慈善事业或投资。但是,如果需要产生可持续的综合价值观,就需要新的方法和操作系统。通过理解影响力投资者面临的挑战及其应对方法,我们开始理解为支持他们雄心壮志而创建出来的系统。

第六章转向我们所需要的新规则和新政策,因为所创建的现行规则是为主流投资者和慈善事业服务的,而不是为有效地配置资源提供便利。

第七章讨论影响力投资行业需要什么类型的领导者,以及我们该如何培养这样的领导者。现在,我们已经超越了单纯由个人魅力领导的阶段。

第八章研究衡量和评价投资社会影响所需要的新工具。

第九章描述了影响力投资如何为单独的捐赠人和基金创造机会,管理其资产,以及解决其所关心的问题。而且突出了捕捉这种潜力所需要的组织和领导挑战。

第十章致力于解决资本市场的核心问题,以及它们是如何运作的。之后,描绘了最有前景的资金池,并说明了影响力投资者进入这个市场的路径。

我们不建议全面阐述概念框架、传统智力模式,或者投资实践。我们的方法存在很明显的空白地带。最突出的一点是,影响力投资作为美国社区发展和低收入住房市场的关键工具,我们没有详细地讨论它那奇妙的发展历程。该空白是由于我们对相关市场专业知识的匮乏而导致的,而不是源自该市场的相对重要性。总的来说,我们绘制的影响力投资的全景图,更像是伽利略定位地图而不是谷歌地图。但是,我们希望,在描述实践时,能够清楚地看到事件的全貌,即使我们没有列出所有的细节。

在这段旅程的最后,我们的回报是对资本、社会和公司根本性的乐观看法。当我们将所有资产按照自己的价值观和信仰进行合理分配后,将会得到一幅全景图。全面理解这个图景,有助于我们懂得如何去构筑自己所梦想的,为了自己、家人以及社会服务的美好人生。

这本书中描述了很多影响力投资先驱的事例,尽管这些例子无法展示影响力投资领域的不断拓展及其多元化。而另一些个人案例则比我们想象的更加丰满。我们试图让每个例子都具有代表性,同时,也为无法呈现部分内容而表示万分的歉意。

尽管不同市场导向理论有助于在当今社会中实践、创办跨国公司或促进开发商成功,但是实现这幅图景,需要深刻地了解我们的目的,抑或说我们存在的意义,而并不在于这些理论的有效应用。事实上,我们的终极目标在于:在生命历程的终点,每个人都可以回首过去,告诉自己,我们并不是在为自己所从事的做了一小部分贡献,而是在共同体里,将每个人的相对优势凝聚起来,共同创造出一个更伟大持久的共同体。

我们懂得如何参与策略性慈善,也懂得如何为了竞争性投资回报而管理资产组合,然而,我们正在学习如何做到更好,同时管理一切——资金和公司、怜悯之心和社区,实际上,最重要的是,学会自我管理,在整合过程中,实现每一部分利益的最大化。我们希望,本书能够向读者展示,我们在资本市场最近一次革命之后所发现的新机遇，以及在不断发展中的社会变革。

我们如何实现

本书标志着我们个人经验和专业经验的融合。在无数的组织管理会议、演讲和座谈会中，我们讨论并提炼出了这些理念，之后，才着手撰写本书，以期与更多的读者分享我们从中所学到的东西。

杰德的经历

故事要从二十多年前讲起。早年，从事一段社会工作后，我花了五年的时间和乔治·R. 罗伯茨(George R. Roberts)一起，在旧金山运作一只风险慈善基金，同时，创建了私募股权合伙公司——科尔伯格·克拉维斯·罗伯茨公司(Kohlberg Kravis Roberts & Co.，KKK)。1996 年，我们制作了自己的第一本重要出版物，与社会企业家精神、风险慈善、社会资本市场和社会投资回报相关。[1]梅琳达·图安(Melinda Tuan)先生作为罗伯茨企业发展基金的合伙人加入了我们的重组，这本书出版了，而我也走上了这条道路，开始参加会议、进行巡回演讲，以此向非营利部门解释我所学到的、正在做的以及未来要做的工作。

在前往下一场公益演讲的路上，发生了一件趣事：我接到邀请，开始去给营利组织中的人们做演讲。结果，我们的理念与投资者、首席执行官和自由企业产生了共鸣。尤其是随着新资金开始流出硅谷，对于控制这些资金的人来说，慷慨资助和非营利这些理念，远不如公益创投、新指标和社会企业更加引人注目。

在讨论 20 世纪 90 年代末所有非营利和营利性部门的过程中，我意识到，其共同点是一种他们所追求的价值理念，即“联合”而非“互斥”。无论用什么语言来描述，他们都将价值视为一种功能——最大化某些财务纪律和绩效，以及寻求一种确定的方法影响社会或者改善环境。

虽然每一组参与者对它都持有不同的观点，在这一对话中经常使用不同的术语，但是我感觉，他们基本上都在探索一种综合性的价值观——将不同的元素综合在一起。在通向这种新价值理念的道路上，垫脚石最初可能就已经被描述为双重底线，后来变成了三重底线。但是，他们将这种合作形式仅仅理解为一个骗局，并且认为，非营利组织像营利性组织一样，拥有能够推动社会影响和环境绩效的经济价值。最终，他们将其价值看成一种综合价值，并形成了关于投资和企业发展的完整理念。置身于一种商业或投资主张的环境中，我开始意识到，这是一种综合型的价值命题。2000 年，我发表了一篇哈佛商学院社会企业(Harvard Business School Social Enterprise)工作论文，以此作为开端，在接下来的 20 年，我全神贯注于研究并界定“价值和价值创造”这一理念的方方面面。[2]

安东尼的经历

我的经历始终伴随着一个简单的问题：在资本流向终结贫穷的过程中，我们如何获得资本?

20 世纪 90 年代中期，我大学毕业。这时，我坚信，任何在投资银行或者咨询公司工作的人都是一名背叛者。因此，我回到生我养我的南非，以写政治传记为生。最终，我在南非人权委员会落脚，在那里，我看到了经济势力与人性尊严之间的联系是多么紧密。贫穷的农民没有任何资源来提出自己的主张，宪法保护不过是纸上谈兵而已。正如人权委员会调查员所揭露的那样，农村地区的土地拥有者利用其财富力量造成了恶劣结果。

后来，与当权的非洲国民大会的官员共事时，我看到，经济话语权能够压过最响亮的、最饱含热忱的社会主张。“同志们，”财政部部长解释道，“如果不破坏国际资本市场所要求的宏观经济紧缩，那么我们就无法为住房项目进行融资。”

我回到美国学习发展经济学，决心不被经济学家再一次噤声。从那时开始，对我来说，是迈向麦肯锡咨询公司的一个相对较小飞跃，在麦肯锡公司，我开始学习大企业如何思考与沟通。

再后来，近四年的时间里，我开始欣赏商业所能释放的创造力和价值，带着这一发现，开始试着将其与我对开发工作的浓厚兴趣相结合。我和妻子搬到了肯尼亚，在那里，我领导一个国际非政府组织——技术服务(TechnoSever)——当地的办公室。该组织致力于通过开发商业途径，解决农村地区的贫困。整个肯尼亚和乌干达富有感召力的同事和客户，帮助我理解了市场和资本的力量。一笔小额贷款和有效的市场进入机制，就能够使东非大裂谷地区的所有奶农发掘自己的潜能，并控制自己的经济命脉。但是，资本没有惠及这些农民。为一些最大的跨国公司提供咨询使我了解到世界并不缺少财富，只是财富不会流向农民，也不会扶持与他们相关的产业。

回到纽约，在洛克菲勒基金会工作时，我打算深入探究其中的原因。我开始主动联系感兴趣的投资者，并挨个询问他们：通过营利性投资的方式，有效地解决更多社会和环境问题，这会给您带来什么？随着反复不断的推介，对该地区的兴趣出现爆发式增长，我很快发现，自己正处在激励创新者解决这一问题的全球化网络中心。2007 年末，我和洛克菲勒的同事召集了 20 个人开会，讨论如何才能共同解决在该领域所面临的挑战。会议最后，我们提出了“影响力投资”这一概念，用以描述我们基本的想法：开展这种投资，能够产生社会、环境的影响力，还可以对投资实践本身产生影响力。次年，我们在洛克菲勒基金会发出了正式倡议：“驾驭影响力投资的力量。”

最终，所有理想都开始一点点实现。我们看到，伴随着对该领域感兴趣的人逐渐增加，追求综合价值的影响力投资将商业的力量与慈善的目的联系在一起，为我们的社会和自己创造出新的可能。

安东尼·巴格—莱文
纽约州纽约市

杰德·艾默生
科罗拉多州格兰德莱克(Grand Lake)
2011 年 6 月

致　谢

显然，这种项目不是任何人的个人成果。首先最重要的是，我们感谢那些身体力行倡导本书所描述战略的人们。从你们每个人身上，我们都学到了新知识，同时，非常感激你们愿意分享自己的经验教训，无论是从市场投资者的角度、可持续私募股权基金经理的角度、社会企业的角度、开放地讨论新思想的主流投资者的角度，还是影响力投资消费者（受资助企业）的角度，为我们的思想做出贡献的人太多了，并且还在维持我们的热忱之心，在此无法一一罗列。但是，我们真诚地感谢你们每个人，正是你们激励着我们写下本书。我们由衷地感谢你们为这一领域所做出的贡献，并且慷慨地承认，我们的工作唯有建立在你们的奉献与劳动之上，才会成为可能。

感谢编辑杰西·威利(Jesse Wiley)，他的激情促进我们着手写作，他的耐心将我们从错误的开端和写作过程的死胡同中拉了出来；还有艾莉森·汉基(Alison Hankey)指导我们最终完成了这本书的写作。MIM公司(Monitor Inclusive Markets)的迈克·卡博赞斯基(Mike Kubzansky)和安娜麦卓·戴博(Anamitra Deb)提供了第四章关于社会企业的框架和内容。所有贡献者们，都是从忙碌的工作中抽出时间，来分享他们的个人经验，为此，我们深表感激。我们也要感谢调研伙伴尼克·乔丹(Nick Jourdan)在第一阶段工作中的贡献，以及丹尼尔·沃尔克(Danielle Walker)在第二阶段提出的精彩理念，及表现出的敏锐洞察力。

安东尼：我尤其感谢杰德的高瞻远瞩，他发现了综合价值树林（当时，综合价值树林，仍超出了大多数人的想象范围）；他的勇气，使其敢于进入其中；他的耐心，使其停留在漫长的寒夜中；还有他的慷慨，使其可以分享所发现的知识。（他的好脾气，对待那些表现得像自己才是第一个发现该树林的新冒险家时，大多数情况下，都能忍住不说脏话。）在朱迪斯·罗丹(Judith Rodin)的领导下，过去四年中，洛克菲勒基金会的同事们把我推上了这条路，并使我从中获得了友谊与信念。弗雷德·奥格纳(Fred Ogana)和伊拉斯塔斯·基古(Erastus Kibugu)，以及我们在技术服务机构的其他同事，把我带入了振奋人心的慈善工作。在哥伦比亚商学院(Columbia Business School)的社会企业项目中，桑德拉·纳瓦利(Sandra Navalli)和雷·霍顿(Ray Horton)为我创造了机会，让我和充满热情的同学们一起锤炼这些想法。

我对影响力投资的深刻理解，来源于与数百位投资者的交谈，其中很多人与我成了朋友。尤其是凯瑟琳·富尔顿(Katherine Fulton)、约翰·戈尔茨坦(John Goldstein)和贾森·斯科特(Jason Scott),他们启发我并给予我很多支持。国际影响力投资网络的管理团队和董事会毫无保留地分享了他们的热情与洞察力,揭示了投资富有创造性的一面、激情四射的一面、价值主导的一面。我的父母桑迪(Sandy)和珍妮特·莱文(Janet Levine)鼓励我走上这条路,在我之前,我的兄弟罗格·莱文(Roger Levine)填补了一些研究空白。但最终,如果没有妻子阿哈迪的支持、耐心、无限的爱与智慧,一切都不可能实现。

杰德:我要感谢安东尼在影响力投资领域的积极领导,以及他热情洋溢而又深入浅出的经历讲述。对于推动工作的进程,他发挥着至关重要的作用。在写这本书时能有幸与他合作,我深表感激。感谢贾森·斯科特和"团队"的大力支持("团队"是一个非正式的朋友圈:由于一直没有时间召开正式会议,因此,每年在世界各地举办一次见面会);感谢我早期的思想伙伴蒂姆·弗伦德里希(Tim Freundlich),他总是不断地给我肯定;以及我在科罗拉多州的朋友们,他们帮我捍卫关于生命的基本观点。我要感谢妻子米娅·豪根(Mia Haugen),她的话语鼓励让我度过了非常艰难的几个月,更重要的是,她总是充满热情,对生活、自然、家庭、社会和自身有着深刻认知。我衷心感谢亚当(Adam)和贝拉(Bella),他们给了我个人的挑战、欢乐和生命中错过的、更珍贵的未来蓝图。我还要谢谢我的兄弟姐妹,约翰·艾默森(John Emerson)和琳妮·菲利普斯(Lynne Phillips)不断地给予我美好的祝福和支持。最后我要感谢我的父母米格斯·艾默森(Migs Emerson)和吉姆·艾默森(Jim Emerson),他们默默地给我爱与支持,对自由探索精神生活的见证让我踏上了这条路。

我们谨将此书献给以上所有人,感谢他们所贡献的一切。

目 录

第一部分

影响力投资领域

第一章 大浪潮

● 一名中国香港的投资者希望让孩子的未来经济状况有所保障，但是，她同时也关心社会和环境的挑战，希望利用自己的财富来应对，从而留下更多的遗产。她越来越相信，就这么捐出自己的金钱，可能不是唯一创造不同的办法。因此，她将资产转向投资。投资不仅能保存财富，同时还能解决可能出现的贫困或者社会地位下降的问题。

● 一群朋友在某个非营利机构中做志愿者，该机构试图寻找一种方法，帮助墨西哥农村缓解贫困状况。他们反复斟酌着这样一种想法，即把少量的钱借给那些没办法从银行贷款的穷人。但是，他们试图保证这是捐赠而不是承担贷款。他们耗尽了可能利用的慈善资本，之后，转变成一个营利单位，并最终持有了墨西哥股票市场首次公开发行的新股，这些股票让他们赚到了3亿多美元。他们突然发现，自己已经成为全球媒体舆论的焦点。他们被有些人奉为救世主，却也被另一些人诋毁为贪婪的资本家。

● 一位纽约的高级投资银行家决定转变她的事业轨道，她想为抵御全球贫困做出贡献。但是，她并没有离开华尔街，而是在一家世界顶尖的金融公司里设置了一个专门部门，面向全世界致力于解决贫困问题的企业提供金融服务。在宣告这个部门诞生的一周内，该投资银行有近千名雇员联系她，表示愿意在这项事业中积极合作。

在投资和传统慈善事业这样的拥挤复杂领域中，像这样的开拓者真是太容易错过了。毕竟，最近他们一直同时身处两个领域，也许，这些人恰好是我们极容易忽视的怪胎。我们近来常常发现自己就像身处滚滚海浪中的涟漪，也许，他们也一样，几乎不可见也不重要。

我们相信，他们代表着更多，这些如涟漪般的人们，与形势的转变有关，更是其中的一部分。在影响力投资这个全球快速发展的行业中，这三个人是开拓者。正如你在本书中所看到的很多其他伟大人物一样，他们每一位都在探索着某个新兴领域的可能性。他们使得自己的投资和组织整体效益最大化，并创造了一种由经济实效与持续的社会和环境影响力综合而成的事物。他们的发现颠覆了长期存在的绝对观念，即在思想和实践层面上，营利性活动和慈善性活动必须互相独立、完全区分开来。

这些都是一股长期暗流形成的早期标志，这股暗流随时准备着重塑社会资源配置和解决问题的方式。正如罗伯特·肯尼迪(Robert Kennedy)的名言，小流汇聚也能变成横扫既定秩序的强大洪流。它的强大在于它的简单，影响力投资综合价值的想法是在有意改善社会和环境状况的同时，产生财务回报的投资策略。这种想法正瓦解围绕竞争原则建立起来的世界。在以竞争原则为核心的世界里，营利性投资只需保证财务回报，而关注社会问题的人们就应该捐出他们的金钱或者等待政府的介入。但是，一个人的崩溃是另一个人的机会。影响力投资的先驱者们置身于快速涌动的浪潮中，创造新事业、新观点，并将投资者和企业家急于发挥资本全部力量的愿望成功匹配起来。

这本书讲述了当多元化潮流来袭时，我们身边的影响力投资如何增长，以及所造成的破坏和所呈现的机遇。影响力投资在全球急剧膨胀，作为一种沉淀聚集所有力量的动力，还在持续增长。我们无法预料，当这股洪流积聚到顶峰的时候会发生什么。但是，我们所有人都准备好提升自己的洞察力并制定策略，从而使得我们能够应对它所带来的挑战。

追求综合价值的影响力投资：定义

影响力投资承认投资能获得财务回报，同时也能有意识地应对社会和环境的挑战。尽管，或者说，正是因为这种简单性，似乎对一些人产生了威胁。许多主流投资者并不认为，应该由他们考虑投资所带来的社会影响，相反，他们坚持主张，这种关怀应该是政府和慈善机构应做的事情。对他们来说，大多数传统慈善家也排斥用其投资去促进使命的达成，或者说排斥“在促进平等和正义的高尚事业中，贸易产生的利润有与慈善机构、民间团体共享的职责”这种观点。

但是，影响力投资不是一种现代社会的畸形突变。我们的投资决策可能影响财务回报之外的更广阔领域，这种观点是 2000 年杰德描述“综合价值”时提出的。七年之后，安东尼所在的团队创造了“影响力投资”这个术语。在许多方面，它重新连接了一个已经传承了几个世纪的做法，即坚持认为财富拥有者应对更广泛的社区福利负责。这是一个关于英格兰贵格会的故事，可以追溯到 17 世纪以前。贵格会试图将投资和购买决策与他们的价值结合起来。18 世纪，它也和震教徒（Shaker）联系在一起，开始推出符合社会价值的业务，并且资助宗教团体。追溯其所形成的一系列事件：20 世纪 70 年代的环保运动；20 世纪 80 年代的反种族隔离撤资运动；现代公平贸易消费者和社会责任投资运动。几个世纪以来，以这种或那种方式，影响力投资在世界舞台上逐渐崭露头角。今天我们所看到的，仅仅是最新进展：将经济与人类经验中的社会和环境问题联系起来。

富有新意的是，关于贸易在推进公共利益中扮演的角色以及社会企业应用经济手段达到的影响力，影响力投资者们对此非常乐观。我们将商业活动视为一种能被用于行善的强大力量，而不是必须加以摧毁的必然灾祸。这种乐观并不是想当然的：我们不是资本主义必胜主义者，不会像他们那样，总是渴望着将自由市场理念传播到世界的每一个角落。此外，我们并非不了解社会变革中市场化战略的局限性。但是，我们已经注意到，在这个联系日益紧密的星球上不同角落正在发生的情况。我们不禁惊叹，由于追逐利润的投资活动的成功，富裕和贫困国家的人们都享受着更好的生活。

我们同样知道，新挑战要求产生新手段。我们每个人都面对着共同的事实：不管谁在政府机关工作，或者最近的社会趋势是什么，社会和环境的挑战如此巨大，经济资源因我们目前使用的方法而受到太多的局限，无法发挥应有的作用。在财务回报和社会慈善这两极中进行选择，会使得我们在中间徘徊、斗争，从而造成资本和才能的浪费，如今，我们无需承受这种浪费。综合价值提供了一种追求财务回报和从事慈善的新方式，我们既不单独寻求适当财富，也不单独寻求社会正义，而是在从事综合价值投资的同时，实现二者的有效结合。

我们既不是纯粹的经济生物，也不是纯粹的社会人。引申开来，我们所有的组织内部，都同时具备了财务、社会和环境的性质，不管它们是营利的，还是非营利的。看似不言而喻的道理是：我们越早认识到这一点，并且以此为基础建立我们的公众形象和机构，就能越早跨越已经主导这个世界长达几个世纪投资和社会变革的鸿沟。它们锁定了我们探寻可能的解决方案的路径，进而无法坚定地推动人类社会走向可持续的、公平的、个体强大的未来。

名称的含义

当杰德第一次听到“影响力投资”这个术语时，他感到疑惑并开始思索，（这个领域的）新来者又创造出一个新词，他们完全没有耐心去了解，这个领域中已存在的术语和实践真正意味着什么。杰德认为，这只是长长的术语清单中的一个新名词。对于独立社区而言，术语起着越来越重要的作用。因为在这样的社区中，毫无意义的字词和华丽的辞藻，杂草丛生，要穿越这片丛林，到达清晰定义的路径十分困难。他觉得影响力投资只是又一个理由，人们可以花费更多时间远足探索，而用更少的时间开会、做报告和策略研讨会。我们可以想象到，其他人最初的反应可能和他一样。因此，停下来解释一下，为什么我们在这里使用这个术语，以及它与以往的术语有何不同，也很有价值。

现在使用的这个“影响力投资”术语，源于 2007 年一组投资者所进行的一系列讨论，该讨论由安东尼主持。在这个术语诞生前，他们所有人都在进行影响力投资活动。他们是环保技术的早期投资者，也是第一批将股东权益纳入小额信贷基金的团体投资人。他们发起了一种有创造性的贷款结构，给在美国城市中的低收入住房开发商贷款，并且在可持续的基础上管理公众股权投资。共同的兴趣将他们聚集到了一起，要通过更多方式，而不只是被动的金融视角来评价其资本潜在和事实上的绩效。他们想用资本去做一些积极的事情。

这些投资者将投资定义为一个主动型动词，使用中的术语无法完全抓住其兴趣点。社会责任投资和道德投资似乎承载了更多的道德责任，或者个人的、标准的判断以及负面筛选的历史，比如聚焦于需要避免哪种类型的公司。可持续性融资看似狭隘地聚焦于对环境的关心，而不是关注整个社会的公平和发展问题，并且似乎也抑制了这些投资者对于实现其可能性的激情。尽管很多美国人都支持社区开发金融,但是始终没办法激起这些行动者参与全球投资活动的兴趣。不与美国之外的当地投资者联系,更没有将很多地方的溢价反映在环境问题或者投资机会上。

然而,影响力投资唤起了这些人的乐观和行动导向。该术语为挤作一团的投资者们提供了宽广、夸张的保护伞。对小额信贷投资者、环保科技的风险投资家、低收入者住房贷款人而言:现在,他们都能看到这场轰轰烈烈运动的吸引力,并开始联合应对自己所面临的共同挑战。该术语通过蓄意制造双重意义,撒下一张大网。一些影响力投资者非常满足于能直接创造出社会和环境影响力的投资。另一些人则希望自己的投资最终影响所有投资的管理方式。该术语还与一群新投资者产生了共鸣,他们渴望将投资与慈善合为一体,但是,之前缺少将此意图表达清楚的词汇。

影响力投资是什么

随着这个术语的广泛传播,准确定义什么是(什么不是)影响力投资变得越来越重要。遗憾的是,很多想完成这个任务的人,却局限在旧的语言模式和心态中。他们习惯于将自己引向财务回报,因此,将影响力投资定义为,用财务回报交换低于市场利率的投资。当然,虽然这些投资也是影响力投资浩瀚领域中的组成部分,但是这场运动的核心是围绕综合价值进行定位,正如我们工作的组织原则:用资本实现总价值最大化,将价值与多方面的绩效联系在一起。

目前,这项产业正围绕着一个定义聚集着,即聚焦投资者对综合价值回报的意图和关注:影响力投资者试图同时创造出正面的影响以及多样化的财务回报,既能管理又能衡量自己所创造的综合价值。

现实中的影响力投资意味着什么?

所有的投资活动都能产生积极的社会影响,但是有些投资会更接近目的。公募股权投资者会产生影响力,比如,通过股东宣传活动,投资者利用这种方法已经在一些公司实践中产生了积极影响。的确,几乎我们知道的所有影响力投资者,都把自己的投资组合中纳入影响力导向的公募股权基金。这样,影响力投资成为一种跨越所有资产类别的策略。但是,在投资选择与其社会影响之间,我们找到的捷径是以贷款和私募股权投资作为投资工具,将资本直接投入公司和项目。由于这些产生社会影响力的投资有着无与伦比的力量,因此影响力投资活动将趋向于聚焦风险投资、私募股权和直接贷款。

当然,甚至当它们聚焦于高潜力的部门或地区时,也不是所有的风险投资或者私募股权投资都是影响力投资,简单地将资本投向贫穷国家不会将投资者变成影响力投资者。从事影响力投资的基金和公司所聚焦的策略是,有意寻求提高,而不是剥削贫穷的客户,并且将影响力报告视为核心商务管理实践。这种策略不是一种外部报告和营销的后知后觉。同样,清洁能源的投资可能会在无意间破坏重要栖息地,从而破坏投资价值而不是创造价值。这些差别导致影响力投资者寻求将资本配置到能产生最完整综合价值的地方的策略。

综合价值是什么

如果说我们所做的是影响力投资，那么我们所生产的就是综合价值。投资者进行投资，以及组织采取行动去完成任务的过程，都可以创造价值。所有营利与非营利性组织，均创造出包含经济、社会和环境成分的价值。所有投资者，无论是市场利率还是慈善捐赠，抑或两者兼有，总体上，会形成这三种形式的价值。但是，不知道为什么，在这个只把经济价值（由营利性公司创造）或社会价值（由非营利性组织和政府创造）视为真正价值的世界里，却丢失了这种基本真理。并且，大多数企业经理和投资者，由于没有主动对综合价值进行战略管理，从而错失了获取其所有价值潜力的机会。

综合价值的概念重塑了我们对价值的理解，认为它是这三个元素组成的、不可分割的组合。综合价值有自己独特的力量，需要人们去理解、权衡和追求。它不仅仅是那些我们可以通过增加其组成成分便能获取的东西，因为它不只是三重底线分解出的各部分总和。与此同时，综合价值并不意味着人们就要丢失其关于价值创造组成成分的独特品味。它不是这些成分的变形，而且这些成分也没有丢失其独特的属性和特质。它不是各个分裂部分的组合，而是核心元素的重新组合，这些核心元素通过自然集成，转换为一种新的、更强有力的、更微妙的组织和资本结构。对于综合价值的一种认识是：资本、社会和商业可以创造超出其总量的价值，与其说综合价值是零和加减的数学练习题，倒不如说它是一个在组织、人类和星球领域中的投资的膨胀宇宙物理方程式。

即将到来的突破

资本市场发生剧变的历史性时期之后，影响力投资已经站稳了脚跟。事实上，2008 年的金融危机，使得有史以来最大的影响力投资沉淀下来。就像影响力投资者的先驱们一样，世界范围内的政府认识到，通过支持私营企业，超越捐赠的争令，从而保护工作和社会的稳定是必要的，这也是一种机遇。他们在贷款、股权投资和抵押品、影响力投资者的基本工具中进行了几百亿美元的投资，我们会在本书中进行大篇幅介绍。并且，这种激起影响力投资运动第一层涟漪的力量仍在持续增长：

- 随着压力越来越大，富有的投资者和慈善家对处理棘手且日益增加的环境破坏与贫困问题的陈旧方法，已经逐渐失去了耐心。

- 在一系列创造性地构建投资资本的地区和部门，新一代的商业和社会精英企业家正在开展风险投资，以此应对社会挑战，并追求新的市场机遇。

- 现金拮据的政府正在重新定义自身与私人企业的关系，现实的人口问题迫使其重新审查社会契约的基本内容。

- 当数以千计的投资者对全球社会企业家进行确定、审核及投资时，网上社交平台为他们创造了对话、分享以及与他人接洽的潜在可能性。

这些力量正在影响力投资的综合价值中寻找出路。补充这些简单概念并不是件容易的事情。尽管影响力投资者在一种综合性的方法中看到了机遇，但是，我们的体系还难以将其抓住。当沮丧的情绪弥漫时，老方法只能不情不愿地为新方法让路。

影响力投资的趋势正在拍打和冲刷二分世界的两岸，后者仍按独立解决社会和环境问题与盈利的方法组织运转。如今，这个二分世界将影响力投资者的能量传送到主流投资与慈善活动边缘的暗池与地下河中。但是，水流拥有强大的能力，重塑它冲刷过的世界。聚集起来的影响力投资活动，其重量正在消磨着看似不可动摇的机构与投资实践的根基。

影响力投资者不会长期心甘情愿地，强迫自己适应一系列为支持分割形式而创造的体系，相反，那些新一代的投资者、企业家和政府络绎不绝地去追求综合价值，在他们聚集起的重压之下，这些体系将不可避免地发生改变：

● 在分割的世界里，已建成的营利和非营利经营模式，促成了利润最大化投资和慈善贡献的分离。而在综合价值的世界里，一种新型社会企业将会组织起来，实现投资综合价值的整体最大化。

● 在分割的世界里，法律规章清晰地界定并保护传统企业家、投资者和慈善家，但是，这不适合理解以及单独引导企业和投资者寻求综合价值最大化。而在综合价值的世界里，政府将会明确如何管理影响力投资，以此来补充解决最迫切社会挑战所需的公共资源。

● 在分割的世界里，领导力发展体系和支持性服务，为有才能的人们创设了明确的道路，以便引导他们分开慈善和企业性质的职业。而在综合价值的世界里，我们将需要新的方式，寻找并发展那些想要利用其商业头脑创造财富，并迎接社会和环境全面挑战的专业人才。

● 在分割的世界里，我们知道如何衡量金融投资价值，并能更好地描述慈善机构的社会影响力。而在综合价值的世界里，我们将创造一个通用的语言和衡量体系，以确保我们将资本和注意力都投入最擅长创造利润和社会价值的企业。

● 在分割的世界里，大量的机构组成了资本市场，分别促进了捐赠者和慈善机构以及投资者和企业之间的交换。而在综合价值的世界，这些资本市场将致力于把影响力投资者和社会企业家联系在一起。

我们并不是在力图夸大正在发生的变化，或者吹嘘支持这种革新所要面临的挑战。分割的世界必然会消逝。对于许多人来说，把投资与慈善分离仍将具有其意义，但是一些已建成的体系将不可避免地要适应发展，而如果其他陈旧的体系拒绝做出改进，从而无法顺应新形势，那么它们将会被逐渐孤立，最终被那些做出改进的新体系所取代。

影响力投资带来的机遇

通览全书，我们描述了追求综合价值的影响力投资所导致的突破。对我们而言，这是震撼人心的一次大突破。人们破除习惯与陈旧的信念所带来的障碍，在这个发生根本转型的时刻，生活是多么幸福啊！对于能够清楚地看到我们周围正在发生什么，并且为未来建立企业和体系的开拓者来说，机会比比皆是。

在本书中，你将会看到一些这样的创新者：

● 为家族办公室和基金会确立并构建影响力投资的事业，并获得成功的企业家。

● 为加速非洲儿童的疫苗接种，而控制国际资本市场的投资银行家。

● 通过贷款把孤立的农场主与全球供应链相连，来提高全世界农村收入水平的社会企业家。

● 创造新的合作形式，从而允许商人在追求利润的同时，履行其社会目标的政策主张者。

● 拒绝父母和教授“先赚好钱再去忧心世界”的建议，从职业生涯的开端，就将其业务技能应用于解决社会挑战的毕业生。

除此之外，你还会学习到关于其他开拓者的故事，他们探索着促进新世界繁荣的原理与方法。通过将两个原本分离的世界联合在一起，影响力投资正在塑造慈善家与风险投资家、投资银行与非营利性组织、理财顾问与其客户之间几乎不可能实现的合作与伙伴关系。

我们希望，他们能鼓舞你加入其队伍。但是，我们并不会做出假设，认为你一定会离开自己的工作岗位，义无反顾地投身其中。在这些先驱者涉过河流，游到还未曾探索过的领域时，即使你仍停留在岸边，弄清楚影响力投资趋势如何准备改变世界，也具有重要意义。这是你的世界，无论你身处何方，或者投资了多少钱，都有你的一份。

是毁灭还是革新？

最初，由于20世纪70至80年代持续性的投资与撤资运动，社会责任投资的浪潮形成，它已经开始改变许多行业的管理者与客户、监管机构和社会接洽的方式。因为这股浪潮所创造的条件，影响力投资有所增长，甚至拥有变得更具突破性的潜力。

当潮流冲上海岸的时候，它们可以造成毁灭，但是，同时也可以是革新的力量。几个世纪以来，尼罗河三角洲每年一度的洪水泛滥，为数百万人的生计带来困难。先驱们正在将洋流转变成一种革新力量的可持续来源。

影响力投资的潮流将会造成什么后果？它会削弱慈善家的支持，并且吸引资源远离更多生产性投资吗？它会带来革新与能量，使我们解决所面临的、看似难以应对的挑战吗？还是，它只是像过去许多其他潮流一样，在做出巨大改变之前就会消失殆尽呢？

答案取决于我们引领潮流以及准备驾驭其力量的方式。我们需要正视强大潮流可能形成的连锁反应。站在支票簿两边的人——投资者和那些接受投资的人——需要认识到，其都是力量中的一部分，这种力量比独自一人的潜在力量要强大得多。明确这一认知很容易，而将其投入实践则较为困难。一套能够促使人们在新资本市场中联合起来的基本方法和价值观，就对其充分理解而言，许多个体参与者才刚刚起步。时代呼吁我们完成一种信念的飞跃——相较于维持我们的小生计，支持这个新兴产业将会更好地为我们和世界上的其他人服务。

同时，对于影响力投资将仅仅成为一种营销工具的危险性，我们必须全体抵御。影响力投资的共振效应是其最大的威胁。受客户良好意图的诱惑，机构资产管理者可能会通过构建一种投资产品来篡改影响力投资的精神，这种投资产品只要求创造价值，而避免简单的辛劳工作，因为这种工作并不像彩绘故事所描述的那么美好。

影响力投资的潮流就像湍急的河水，将创造出我们必须努力抓住的机遇。新的法律、新的价值衡量体系、新的资本市场开拓者、新的培养领导力方式：这些将会成为把该潮流转化为强大力量的水力发电站和可持续性渔业。建立这些，将需要我们所有人放弃自己的假想与自以为是，并且与我们在过去可能轻易就忽略的个人和机构合作。

资本的力量

我们已经看到了资本的真正力量：

● 它是旱季里肯尼亚峰斜坡上沉甸甸香蕉串中的一抹绿色，被小额贷款投资浇灌。

● 它是一个芝加哥南区女人脸上的期待，她借助当地社会开发基金开了自己的面包店。

● 它是一个基金会项目经理的职业自豪感，他对纽约一所教育服务公司的投资，已经为教师们提供其所需的工具，从而将学生的表现提高到新的高度，这是仅靠拨款永远达不到的。

● 它是一个印度家庭的满足感，他们刚刚搬离贫民窟，住进从受股权扶持的、低收入住房开发商那里购买的新砖房。

● 它是一束透过尼加拉瓜村庄房屋窗户的曙光，可再生资源基金会投资的微型水电站已经在为村庄供电。

● 它是一位伦敦的投资银行家，他签署了新投资的结账凭证，把客户资本投入经营，为穷人提供可支付的重要服务。

推开眼前障碍，意识到周边的潜在综合价值，这些是我们所能够创造的现实。这里有清晰的道路和充满希望的小径，但执行策略却没有一条能走的路，也没有正确的方法。通过这本书，我们邀请你与我们同行，去认识这一领域的事物，去探索这一光明蓝图，去开拓属于你自己的道路。

第二章　影响力投资的国际发展

关于奶牛、通信和资金的故事

在靠近东非大裂谷的肯尼亚基南戈普(Kinangkop)地区，一位农民在黎明时分醒来，她走出自己用泥巴砌成的小屋，打算给两头奶牛挤奶。借助煤油灯微弱的灯光，她发现其中一头奶牛病得厉害，她马上意识到，必须立刻去找一名兽医来帮忙。

五年前，要想到达周围最近的镇上，她不得不沿着一条满是尘土的小路，走到一条同样泥泞的大路上去赶公交。到那儿之后，如果想要找到当地的兽医，等他接到家里的固定电话赶回来，恐怕还要再等上几个小时。如果她足够幸运，就能够见到兽医。但是，通常情况下，医药费很高，她还要跟兽医砍价。如果支付不起这笔医疗费用，就只能回家，向上帝祈祷奶牛能自己好起来。几周以后，当拿到在内罗毕的儿子通过长途大巴或者西联汇款公司寄来的汇款时，她才有足够的钱，在付了兽医诊治费用之后，还得给一点小费。请兽医的费用还是一样贵，但要想救活奶牛已经为时太晚了。

现在，她完全不用像以前那样做了。看见奶牛生病，只要拿起儿子从内罗毕给她买的手机，看一下手机账户里的余额，给儿子发个短信，马上就会有 10 美元转到自己的账户。然后，发个短信给兽医说一下奶牛的病情。兽医带着预计要用到的药，当天早上就能赶到。兽医给奶牛注射药剂之后，她用手机发个短信，就把 10 美元的医药费转到了兽医的手机账户里。然后兽医会收到一个确认收到付款的短信。同时，如果邻近村子的农民给兽医发了求诊短信，兽医把手机放进药箱，骑上摩托车，马上就可以赶去。几周之内，因为及时得到医治，奶牛的病完全好了。这个农民在奶牛健康方面的投资也得到了回报。

上面的故事只是今天话题的一个小小的缩影，其中反映出了全球通信技术革命所带来的变革。手机在促进地区发展的作用与潜力方面，也得到了广泛的认同。而在非洲，这一产品背后巨大的商业潜力，每年数十亿美元收入的市场空间，以及数百万人次的巨大需求是显而易见的。但是，在 1998 年年初，穆罕默德·易卜拉欣(Mohammed Ibrahim)打算在撒哈拉沙漠以南的非洲地区成立一家手机通信公司的时候，这一切就像天方夜谭。尽管他拥有通信工程师以及成功商人的良好背景，但是绝大多数来自欧洲的投资者并不看好这一想法，也不愿意向他的创业计划投入启动资金，对于在一个手机还没有得到广泛普及，仅仅只有极少人在使用手机的非洲大地投资手机通信公司，他们的表现格外谨慎。[1]

但是，其中有一家投资方却并不这么看，它就是来自伦敦的英联邦开发公司(Commonwealth Development Corporation，CDC)，一家投资新兴市场的私募股权公司，在非洲投资已经超过 50 年。就在 1998 年，英联邦开发公司向易卜拉欣的公司投入了 2 250 万美元，随后，在经过三轮扩资之后，最终成立了凯尔特非洲公司(Celtel Africa)，并发展成为一家在非洲当地拥有超过 600 万客户、年营业额超过 10 亿美元的大公司。在 2005 年，凯尔特非洲公司被科威特手机运营商 MTC 以 34 亿美元的价格收购，成为在非洲私募股权投资中最成功的案例之一。而英联邦开发公司自己拥有的 9.3%股份，估值超过 3 亿美元。

此时，易卜拉欣已经成为名副其实的亿万富翁。就像之前的很多新晋亿万富翁一样，他成立了一家基金会，在这个案例中，最有名的就是他设立易卜拉欣奖，用 500 万美元奖金来支持非洲领导人的反腐实践。同时他也用自己的财富创办了萨蒂亚资本(Satya Capital)这只专门投资非洲的私募基金。

接下来，易卜拉欣想在非洲建立一家跨国公司，他会发现这种路径至少比以前更受欢迎。

发展性投资

横跨私人和官方领域，由许多人共同经营，包括行动和互动两个环节的一套复杂系统，需要学习上面所讲的奶牛和农民的故事，以获得圆满的收尾。英联邦开发公司给凯尔特非洲公司做的适时投资中，存在一个关键性因素，那就是提供了范例，说明重要的影响力投资通过努力，能促进像肯尼亚这类地区的经济发展。专注于发展的投资已经覆盖了特定的部门，范围从农业到医疗保健、金融服务，也覆盖了一些国家，从巴西到布基纳法索、孟加拉国。

发展性影响力投资产生于这样一个共识：单独面向政府和非营利性组织的捐款将无法刺激长期的经济发展，并且无法缓解贫穷状况。首先，为了补充官方的捐赠援助项目，政府和多边组织必须开创这一投资方法。发展性影响力投资正演变成一个由公众和私人共同努力构成的复杂的生态系统。影响力投资正通过多种渠道(如金融机构和投资产品，从私募股权公司到贷款担保公司、债券发行特殊投资工具)进入贫穷国家。像高盛和摩根士丹利这类投资银行已经进入了该领域。同样，进驻这一领域的还有最近出现的一些慈善家，像乔治·索罗斯和比尔·盖茨，他们更频繁地利用影响力投资去补充日常的赠款活动。

发展性影响力投资给贫穷国家的资金匮乏企业注入资金，创新了全球资本市场，同时，它还证实了管理和经营这一投资项目的复杂性。外国投资快速流入许多发展中国家，之前，在全球资本市场回流过程中，忽视了这些国家，该现象曾一度困扰着发展性影响力投资的发展。在贫困国家，许多没有发展目标的人做着盲目投资，在这样一个世界里，很难正确判断出是什么成就了具有影响力的投资。就像我们在这章所讨论过的，在首次公开发行和公开论战席卷而来的过程中，如何把握利益获取的程度，越来越成为大家热议的焦点。

私人投资的加入弥补了政府不足

政府认识到，仅靠捐款无法长期缓解贫穷国家的经济状况，于是把发展性影响力投资作为另一项工具，促进经济发展，缓解贫穷状况。第二次世界大战后，胜利的同盟国建立了国际复兴开发银行——世界银行的前身。该银行主要贷款给欧洲和日本政府(我们通常所说的政府间影响力投资)。[2] 60 年后，世界银行每年补助 600 亿美元，并且以高度优惠贷款条件发放给非常贫穷的国家，同时以非常优惠的市场利率贷款发放给更贫穷的国家。[3]

世界银行背后的政府集团很快认识到，私营公司也需要投资援助。于是，其 1956 年成立了国际金融公司，直接投资私人企业。最近几年，国际金融公司每年都会在上百个国家投资近 100 亿美元。

以世界银行和国际金融公司为榜样，类似的金融开发机构数量激增。许多地区多边银行(如泛美开发银行)已经开放对私营公司的投资。国际政府组织通过国有投资基金掌握了影响力投资，成为典型的双边开发金融组织。这类组织包括 1948 年为促进英国殖民地资金匮乏地区工农业发展而成立的英联邦开发公司，还包括 2007 年成立的 50 亿美元中非发展基金，尽管最初是为中国公司和合资企业设立，但其主要目的是利用非洲投资项目。

美国海外私人投资公司(Overseas Private Investment Corporation，OPIC)成立于 1971 年，为促进美国公司在新兴市场的投资，首倡政治风险保险投资计划，现已在保险、贷款担保和贷款资金投入了数十亿美元。2011 年，美国海外私人投资公司发起了它的首个项目，公开以低息贷款给影响力投资基金的管理者(表 2.1 列出的是业绩较为突出的几家开发性金融机构)。作为过去美国政府国际开发工作的捐赠援手，美国国际开发署充分利用了影响力投资的优势，在 2000 年成立了开发信贷局。该机构提供贷款担保，主要鼓励贫穷国家的银行借贷给特定群体，如贫苦农民。最初 10 年里，62 个国家大约 200 个担保人贷出了 18 亿美元。

表 2—1　　2010 年排在前 5 名的发展型金融机构(按资本总额排名)

机　构	资本总额 (10 亿美元)	2010 年支出 (10 亿美元)	成立时间
国际金融公司(多边)	61	7	1956 年
荷兰开发金融公司(FMO)	7.8	1.4	1970 年
德国投资公司(DEG)	7.2	1.6	1962 年
海外私人投资公司(美国)	7.1	1.6	1971 年
英联邦开发公司(英国)	3.8(2009)	0.5(2009)	1948 年

注：以美元为计算单位的支出和资本总额是在平均汇率的基础上求出的近似值，因为荷兰开发金融公司、德国投资公司和英联邦开发公司分别以欧元和英镑为计算单位。

私人慈善家进驻影响力投资领域

发展性影响力投资不再只是公众领域的游戏。相比来源于国际捐赠者的大笔资金，当今私人慈善家的数十亿美元慈善资金显得无足轻重，也许更重要的是国际和当地的资本市场存在悬殊。为改变这一现状，一些私人慈善家把影响力投资作为一项放大手头资金作用的新工具，并且，充分利用其优势。

为了补充自己的国际开发资助计划，一些捐赠者正在发展以盈利为目的的投资基金。对许多人来说，这种方法产生于他们采取营利性商业发展模式的个人经验。金融家乔治·索罗斯建立的索罗斯经济开发基金(Soros Economic Development Fund)为影响力投资的发展提供了多达 2 亿美元的资助。亿贝(E-Bay)的创始人皮埃尔·奥米迪亚(Pierre Omidyar)通过他的“慈善投资公司”——奥米迪亚网络公司(Omidyar Network，一个兼具捐赠和影响力投资功能的公司)，为影响力投资提供了大约 5 亿美元的资助。阿迦汗发展基金(Aga Khan Development Fund)是一个面向经济发展网络的私人投资援助项目。多年来，它与穆斯林领袖共同追求一种促进发展的商业模式。非洲和亚洲的资产组合公司每年收入超过 15 亿美元，其利润再投资到更长期的投资项目上。

这些影响力投资者中，一些人不会坐等市场机遇的到来，相反，他们主动进入前沿市场，发掘还没有为主流投资做好准备的行业空间，并且，在没有基金管理公司的地方，创立新的基金管理公司。2008 年，索罗斯、奥米迪亚网络公司和谷歌慈善机构共同投资了 1 700 万美元，印度主要投资中小型公司。颂基金(SONG)的私人慈善家没有发现那种可以投资以后为其发展目标服务的公司时，在通常情况下，要从头干起。例如，英国慈善家塞恩斯伯里(Sainsbury)勋爵投资的阿奎弗有限责任公司(Aquifer Ltd.)是莫桑比克一个聚焦于农业的投资公司，其慈善信托价值已达 5 000 万美元。这些投资者还利用贷款担保释放大量私人投资，贷款担保是他们从金融开发机构借鉴而来的一项投资工具。

投资银行家来了

投资银行家也进入了影响力投资领域。金融服务领域的主流巨头和创业精英给关注国际发展的影响力投资者提供了产品和服务。

高盛投资公司，肯定不是以发展性银行闻名的，但是它帮助建立并推广了国际金融免疫融资机制(International Finance Facility for Immunisation，IFFIm)，它关系到数十亿美元债券的发行，为新兴市场疫苗注射活动提供了前期资金。其主权安全担保人来自 7 个国家，2006 年，该融资项目获得了 3A 信用等级，由高盛集团与德国和日本的机构投资者共同发行。

融资机制成立一年后，高盛集团的竞争对手摩根士丹利联合小额信贷精品银行瑞士蓝色果园基金(Blue Orchard)，向欧洲机构投资者发行了初级小额贷款债券，为尼加拉瓜、柬埔寨等 12 个国家的微型银行筹集到 1 亿美元。尽管 2008 年市场出现下跌，但是影响力投资银行专业机构——河岸国际银行(Shore Bank International)——还是通过发行债券筹集了 6 200 万美元，为当年孟加拉国小额贷款的带头者孟加拉复兴援助委员会(BRAC)在东非的扩展提供了资金。

集成化投资的挑战

影响力投资者先驱正在为下一个伟大的投资开辟发展中市场，该投资将会产生类似于英联邦开发公司在非洲地区凯尔特手机公司上投资的利润和社会影响力。如果传统发展性援助工作操作起来不是那么困难，那么影响力投资将会面临更多、更独特的挑战。除了投资者常常面对来自资源和管理方面的挑战外，影响力投资者还必须自省：

- 采取何种商业模式，能最好地保证基金管理者做出最具经济效益的投资，同时，这些投资能产生最大的综合价值？
- 投资者怎样才能知道，把资金用到了需要的地方，而不仅仅是最容易投资的地方？
- 我们如何知道，某项普通的投资实际上是影响力投资？

明确商业模式

我们可以把私人投资的动机和条件与发展性援助的动力和目的嫁接起来，这是发展性影响力投资的核心保证。那样听起来很不错，但是我们该如何创造一个具有持续性的组织架构呢？

许多早期以发展为导向的影响力投资基金，与资助它们的政府援助服务机构联系紧密。荷兰开发金融公司和英联邦开发公司的发展轨迹说明(后面将详述“利润与目的共行：乐无止境?”)，接手一个包含捐赠中介心理因素的投资，经常导致决策迟缓。从长远的角度看，出于政治动机的投资许可证明在财务上是难以持续的。

为了迎接政府经营下的商业模式所带来的挑战，私人基金管理组织变得越来越普遍，这也为投资者重新挽回影响力投资渐已退去的生产力和动力提供了可能。从基金成功运作中，管理团队和私人投资者赚取适当的利益。英联投资(Actis)是私募基金管理团队的领头羊，它来源于过去的英联邦开发公司(最先投资凯尔特的公司)。2005 年，瑞士开发机构以管理层收购的方式将其投资部门分拆出来。小额贷款基金管理者为谋求发展空间，也进入了更为广阔的影响力投资领域。竹基金(Bamboo Finance)是一个以盈利为目的的风险资本基金，从小额信贷资产管理的先行者瑞士蓝色果园基金中分拆出来。导入资本也在不断激增。其中一个例子便是，成立于 2006 年，由一个前联合国发展项目在当地的私人投资顾问发起的塞拉投资基金(Sierra Investment Fund)。除了其他好处之外，其做出的股权投资有助于恢复塞拉利昂的冰块生产，这对许多以捕鱼为生的家庭很重要。

利润与目的共行：乐无止境?

荷兰金融开发公司和英联邦开发公司的厚重历史，显示了集成开发目的所带来的挑战，及新兴市场的影响力投资者所需的适当利润。

荷兰金融开发公司的历史

就像许多其他双边开发性金融机构一样，荷兰金融开发公司的基金开始资助本国公司的国外经营(就荷兰金融开发公司而言，从1970年荷兰公司撤出印度尼西亚以后，它就给荷兰公司提供投资资金)。1977年，荷兰金融开发公司开始投资本国以外的公司，同时也迎来了更广阔的发展空间。然而，早期荷兰金融开发公司不能平衡开发与财务的可持续性，主要投资高危项目，导致了政治上无法预计的损失。

1991年的重组试图通过局部私有化和允许国外投资者持股的方式，来纠正这种不平衡。随着荷兰政府开始提供财政担保，荷兰金融开发公司获得了3A信用评级，使其可以通过资本市场借贷来维持自身的运转。其所有者是荷兰政府、荷兰银行和机构投资者。完成从政府服务机构到国际金融玩家的转变之后，2008年，荷兰金融开发公司从荷兰政府拿到了银行执照。

英联邦开发公司的历史

从英国殖民署转型为一个自主运营的金融开发机构，英联邦开发公司引来了无数争议。1995年，英联邦开发公司开始完全用自己的盈利维持自身运营。随着私募股权行业发展更趋成熟，且形成了与管理者和投资者激励相匹配的更明确的商业模式，英联邦开发公司着力寻找从基金管理业务走出去的潜在优势。相反，它现在代表自身，退回到独立基金管理者的身份进行投资。2001年，英联邦开发公司与挪威开发融资机构挪威基金(Norfund)一起成立了独立基金管理公司——欧瑞斯资本公司(Aureos Capital)，来管理其中小企业组合。3年以后，英联邦开发公司通过管理层收购大量的私人新兴市场组合，发起成立英联投资，之后，英联邦开发公司退出了基金管理领域。现在，英联邦开发公司是一家独立经营的公司(由英国援助机构独资)，并且，2010年为71个国家的65个基金管理者募集了大约40亿美元。

同在荷兰一样，很难找到一个实现利润、发展和国家政策三者之间实际的且在政治上可行的平衡点。2007年，英联投资私有化引起争议。当时，反对派政治家批评当权政府，把英联投资以37.3万英镑的低价卖给其经营者。到2007年，英联投资管理资金超过2亿美元，并且还从凯尔特公司及其他公司的首次公开发行投资中获得了丰厚的盈利，英联公司的售价再次让人想起了其他一些具有争议的私有化交易。

英联投资的员工很骄傲地炫耀着公司商标——“资金推手”(The Positive Power of Capital)。然而，一些针对英联投资公司的批评，则痛斥它是一家向钱看齐的环球投资公司。谁的说法才是对的呢？哪条才是更好的发展道路，是政府官僚控制下传统的英联邦开发公司？还是由专业人员经营，私人管理投资项目的新英联投资呢？缺少能衡量投资对社会影响作用的明确标准，没有比较两者业绩的基准，回答这个问题，我们只能限于探讨对这一问题所做出判断的可信度，而不是给出具体的事实。

许多私人慈善组织也被激发出了同样的创新精神，正努力从事商业运营。成长基金(Growth Finance)，通常被称为葛洛芬(GroFin)，其近年来的发展轨迹是一个很明显的例子。由壳牌基金会以实物补助和低价资金培养起来的葛洛芬，现已成为非洲境内中小企业贷款行列中的领导力量，管理着超过 2.5 亿美元的资金。葛洛芬正在建造一个操作运营基地，并从事专业知识方面的研究，希望以此从根本上证明，它已成为一项有效投资工具，可以让专业机构的短期资本经营者为非洲企业提供小额贷款。非营利投资开创了草根资本组织(Root Capital)、智者基金(Acumen Fund)和 E+公司(E+Co.)。它们同样思考着采用日益商业化的资金运作模式。

遗憾的是，私营部门基金管理模式所带来的利润会阻碍基金对开发成果方面的促进作用。基金利益共享的诱惑，会影响管理者对自身社会使命的重视。机构内部实现投资目标的迫切要求，也会导致管理动机偏离正轨。欧瑞斯和英联投资自从被管理层收购之后(这一变更，让基金管理者从更小投资中盈利变得更加困难)，其平均交易规模不断扩大，对我们来说，这一点儿也不奇怪。这些挑战引起了对标准尺度和影响力报告实践的关注，为了保证影响力有据可依，针对社会企业和影响力投资者，必须努力制定出一项实践准则。

确保投资资金落实在开发上

计算在新兴市场的投资是否盈利比较简单，阅读经审计的财务报表就行了。但是，影响力投资者还需要了解，这项投资是否产生了发展成果。它比我们其他问题耗时更长，仍未被解决，面对这一难题，发展性影响力投资行业提出了两个值得一试、更加可行的解决方法：资金增益原则和影响力衡量的实践。

资金增益原则：清除冗余

资金增益原则要求影响力投资者具有明确的商业目标，即除私人投资者资助以外，其他投资概不接受。这一原则可能极为明确、清晰，并且易于实施。但是，通常情况下，许多资金最欠缺的国家、部门和机构之所以资金匮乏，都可归于同一原因：在这些地方做有利可图的金融投资很困难。投资者极度关注财务回报，所以一般会远离这类获利困难的投资环境，然而，这些地方却是最需要影响力投资的地方。

在国际发展性金融中，资金增益呈现出一种多层进化的形式，主要关注三大问题：

● 你在资金不足的地方做过投资吗？为了寻求资金增益的援助，许多投资者承诺在特定的贫穷国家或领域进行投资。2009 年，英联邦开发公司发布了一项新的投资政策，责令 75%的投资必须在低收入国家，50%在非洲，因此限制了在东欧地区和日益增多的中等收入水平国家(如巴西和印度)的投资。国际金融公司还致力于“前沿国家战略”(frontier country strategy)，旨在引导资金从更多商业竞争力强的市场撤离，大幅增加对非洲国家的投资。资金增益原则，相对小但效果显著，它推动了国际金融公司中小企业基金(IFC SME Ventures)相继出现,该投资基金的目标定位在小公司,其目标公司集中分布在8个处于低收入水平的新兴市场,包括塞拉利昂、中非共和国、不丹和孟加拉国。这些国家中的任何一个企业家,通过该基金会,能够得到来自国际金融公司50万美元的贷款,利用这些贷款,企业家一定能有一番大作为。

● 你在资金不足的部门做过投资吗?一些影响力投资者也想通过在资金不足部门做投资,获得资金增益帮助。通过这种方式,更多投资者把自己的投资目标定位在那些给贫困社区提供基本服务的公司。例如,即使是在相对富裕的国家,主流投资者不相信穷人能成为可靠的客户来源,这一原因可能导致一些为社区提供基本服务的部门出现资金不足。墨西哥埃哥亚基金(IGNIA Fund)公司是关注金字塔底层投资的典型。其他一些影响力投资者,瞄准被忽略掉的中间阶层,选择性地为一些中型企业或公司提供资金。对这些企业或公司而言,一方面,常常因为规模太大而得不到小额信贷;另一方面,又因为规模太小,得不到大投资者的关注。在几乎所有的发达国家中,如果没有资金,中小企业将无法成为创造就业的动力、创新基地及经济推动力。为加强对这一边缘部门的重视,2008年,影响力投资团体与其他一些致力于提前发展联系紧密、相对集中的中小企业的组织,形成企业发展阿斯本网络(Aspen Network for Development Entrepreneurs),共同为中小企业服务。

● 你关注的资产类别是什么?除了定位某个具体的区域或者部门之外,一些影响力投资者把资产种类作为他们选取投放资金增益目标的重要组成部分。许多贫穷国家越来越容易获得债务资金。因此,关注发展的影响力投资者,是否应该提供当前仍然难以实现的股权融资——某些投资者的争论焦点。例如,欧洲开发性金融机构把其一半资金投资给私募股权持有者和私人投资者,并且以此为荣。采取这种做法的英国塞恩思伯里信托(Sainsbury Trust),同样致力于用提供宝贵权益投资的方式,补充不断增长的债务融资。

回答关于资金增益的争论方面的问题,尽管以上这些技巧有一定帮助,但是不能从根本上解决该问题。对于围绕资金增益的争论,小额信贷行业的经验具有一定指导意义。2007年,在一篇广泛讨论该问题的文章中,非营利性组织微瑞特(MicroRate)提出,私人资本进入小额信贷行业后,公共开发金融投资机构不仅多余而且更糟糕,因为它们会挤出私人投资。[4]作者认为,这些投资中的很大一部分流向了顶级小额信贷机构,并且控诉"奖杯贷款"(trophy lending)的投资者是为了迎合政治目标,而不是发展目标。

这一争论并不新鲜(并不限于小额信贷)。几十年来,像国际金融公司这样的机构贷款给一些地区和国家拨款,提高了其私人部门的吸纳资金能力,使投资变得相对容易。到1998年,国际金融公司的投资倾向于参考人均国民收入的比例和私人资金的流动性——恰恰就像我们期待的那样,基金只纯粹关注它的开发潜力。

新现象是,大量私人投资资本现在流入许多发展性金融机构过去没有竞争者的国家。特别是,2001年高盛投资公司研发部门为了突出巴西、俄罗斯、印度和中国等国显著的经济发展前景，使BRIC（金砖四国）成为一个热词后，私人资本大量涌入新兴市场。凭借这一浪潮，新兴市场私募股权协会（Emerging Market Private Equity Association）的私人和公共成员，管理着超过5 000亿美元的投资资金。在私人资本流入不断增长的情况下，对影响力投资者来说，真正的需要是什么呢？

新兴市场中有目的整合利益的创新

横跨公共和私人商业模式，在不断拥挤的市场（如巴西）和前沿市场（如冈比亚），影响力投资者正开拓出有目的地追求整合利益的新路径。这些创新摆脱了对投资者和慈善家独立领域的传统理解。它们展示出，商业投资与资助和政府补贴如何为股东和整个社会产生出更大的价值总额。它们还指出，在新的环境下，影响力投资者满怀新的希望，以应对这些创新所面临的挑战和焦虑。

提供技术援助

即使是最勤奋的影响力投资者，也很难进行富有成效的投资，除非他们有实力强劲、商业前景可观的企业家作为依靠。但是没有能刺激经济增长的投资，企业家阶层就不会出现，同时，其商业前景也会很悲观。通过给企业提供技术援助和资金补充的方式，一些影响力投资者着手处理这一“鸡和蛋”的难题。技术援助能帮助企业家为投资对象制作一份更加可行的商业计划书、提供更完善的会计服务或者为投资对象提供战略咨询服务。

风险资本的主流做法是以这种方法支持企业家，也是私人领域投资者所要承担的一部分工作。但是，在很多新兴市场国家，潜在交易稀少并且规模很小，导致投资基金无法把提供这些服务列入其投资实践。因此，为技术援助募集到的慈善家或者政府的补助，成为在贫穷国家影响力投资领域中投放资金的一个重要补充。

决定在何处投放资金时，影响力投资者必须为建立技术援助中心制订一个复杂的选址计划。哪一项补助能创造出具有最大影响力的发展成果？哪一项补助只是走上了投资者低效率的套路？面对这些问题，没有简单的答案，但是，为了解何种技术援助是最实在、最有效的，大量实践探究的工作仍在进行中。

创造社会激励式补偿

贪婪也许不好，但它确实存在，并且有促进作用。与其逃避这一现实，我们为何不利用它？在新兴市场的影响力投资领域内，利润导向的基金管理者将会成为一个核心部分。但是，他们难以找到盈利交易（即使其可产生显著的社会效益）的市场和板块，并尽力抵制退出上述领域的诱惑。通过改变管理层激励因素，我们能来改变这一趋势吗（不尝试改变人的本性）？

初期阶段，基金管理者社会成果补偿概念是一个令人激动的创新。社会影响力报告标准得到广泛传播，并且提升了业绩基准，这使基金管理者对社会成果的补偿也变得更容易。那时，一些投资者打算创造更多基本的、针对具体目标的基金，保证它们的投资管理者随时关注社会影响力这个大舞台。2009年，国际金融公司和盖茨基金共同成立非洲健康基金(Africa Health Fund)，管理着1 000亿美元资本，在其投资档案中，用可证实的社会目标来决定对基金管理者的补偿。实际上，这种方法没有提出考察开发成果。相反，它使用简单的代替指标，如交易额和客户收入水平。但是，通过投资者和基金管理者整合社会发展成果和财务激励，非洲健康基金的投资方法仍然做出了带有鼓励性的承诺。

创造并实行综合报告系统

在最好的条件下，也很难衡量综合价值。在最基本的财务报告也很难找到的新兴市场中，运营一只投资基金更加困难。但是，影响力投资者如何让自己对发展做出的贡献最大化呢?

社会责任投资运动为投资者提供了一项很重要的指导方针——“不伤害”。资金增益原则增加了第二项方针:“清除冗余”。遵循以上两项原则的投资者促进了发展吗?

遗憾的是，要回答这个问题能找到的证据很少。相反，许多政府和私人投资者依旧相信，有利可图的投资能促进发展。这看起来似乎很有意义。毕竟，在盈利、守法的公司做投资，能创造工作岗位、增加课税基础、促进经济发展。许多投资者不愿意进行治学严谨的研究，也不愿意对自身社会效益进行常规性计量。他们说，他们忙着在这些困难市场中做生意并取得成功，且呼应同样抵制衡量投资社会影响力的企业主的需求。

但是，随着以盈利为目的的投资者涌入新兴市场这一影响力投资者的传统领域，政府和私人投资者极力想要弄明白，他们的影响力投资除了提高财务回报外，还能促进什么。坦率地说，几乎没有衡量和报告投资社会影响力的统一标准。在很大程度上，社会影响力报告还是自我报告和轶事性报道。然而，这些东西却成为以发展为导向的投资者和基金管理者的标准。

为了衡量投资对社会(和发展)的影响力，建立一个更加稳定的框架结构，一系列提案正在拟定中。这些提案包括全球影响力投资评级系统(Global Impact Investing Rating System，GIIRS)，影响力报告和投资标准(Impact Reporting and Investment Standards)(制定GIIRS的基础来源)和SROI网络(SROI Network)。这些提案为投资者的全球网络展示了关注新兴市场国家的重要内容(我们将在第八章讨论)。

投资者和基金管理者极力寻求创建社会管理信息系统，通过这一方式，不仅能在跟踪绩效和影响力方面得到帮助，同时，也对其产生的影响力的相关价值进行评估。拟定出衡量投资影响力的共同标准是必要的，特别是针对补充援助和促进可持续和合理经济发展的主流投资的影响力投资而言。

如果一开始就利用影响力投资的力量结束我们生活中的贫穷根源，那么这些为赚钱和促进经济发展而实现的创新，明确了投资目标、衡量了发展成果和有目的调整了商业模式，则会成为重要的发明创造。

反对过度简单化

在这章开头的故事中，肯尼亚的一头生病的奶牛如何被治愈把一连串历史联系在一起。影响力投资成为这一连串历史中的一环。假使没有影响力投资者支持穆罕默德·易卜拉欣给非洲地区带去移动电话的梦想，现在东非大裂谷边的农民可能也不会拥有一部能买得起并且可以使用的手机。

作为最能证明影响力投资潜力的一个典型例子，这个故事也反对过度简单化。影响力投资资金可能引发了非洲手机领域的变革，帮助那个农民得到一部手机。但是允许她从儿子那里得到快速转账的钱，并且支付给兽医费用的科技，有赖于一项更加传统的发展工具。媒体大肆宣扬的资金转移业务的失控，却不宣传 2003 年英国国际开发署（British Department for International Development，DFID）资助手机巨头沃达丰大约 150 万美元，用于开发 M-Pesa 移动钱包服务。

纳税人支持的开发援助是否应该推动跨国公司开发有利可图的产品，这一讨论应该在另外一本书中展开。不管怎样，该细节强调了捐赠者的持续影响力，即使是在一个大量私人资本流动的世界里，影响力投资仍然存在。

不管你的政治倾向是什么，我们希望，更重要的私营部门行为者越来越深入参与有效的国际开发倡议中。随着大公司和投资者在全世界范围内以无与伦比的速度和规模转移他们的资金、想法和产品，国际开发为影响力投资提供了一个令人激动又可让人大显身手的机会来利用这些资金流的力量，并更有效地填补遗留下来的投资空白。

其他任何地方投资促进发展的承诺和陷阱，都没有现代小额信贷行业更明确。在其 40 年发展历程中，从不明确的发展型创新，到资本市场的宠儿，再到无争议的认可，我们可以跟踪影响力投资行业在更广阔空间存在可能性发展的轨迹。下一章将探究这一发展历程和背后的细节。

第三章　小额信贷：还是最好的发展品牌吗

水果商和办公室职员

2006年7月在伦敦，一名办公室职员收到自己的工资单。上面注明了雇主为其退休基金缴费400英镑，该基金是由一位当地机构投资者管理的。

在另一个遥远的国度秘鲁库斯科（Cuzco），一名水果商出现在当地户外市场。她前夜才从利马赶回来，她在那里贷款1 000新索尔（大约300美元），购买了第二天要在货摊上出售的水果。

这两位女士从来没见过面，但是始终互相联系。通过全球资本市场，伦敦职员的积蓄能够成为水果商的贷款。尤其是投资办公室职员退休金的英国基金会从摩根士丹利投资公司购买了债券，而该公司资助着13个国家的22家银行，包括秘鲁的"我的银行"（Mibanco）——可以提供300美元贷款额度的银行。

第二年，一只类似的债券发行又筹集了1.1亿美元，这次有了标准家庭和穷人家庭的评级。

尽管这些人可能不知道，但是从欧洲到美国的银行客户和退休人员，在把他们的积蓄借给从秘鲁到冈比亚的工匠、售货员和一些通过临时商店或露天市场销售基本物品来持家的女士时，得到相应的报酬。

这个故事阐释了小额信贷的全球化现象，在2010年以前，该行业就已为超过10亿客户，提供了500多亿美元的贷款服务。20世纪70年代，一系列独立的试点如何成长为一股全球的力量，成功地把英国职员的积蓄同秘鲁的小型企业家联系起来，这一实践也为更大范围的影响力投资得出了一些重要的经验，诸如，整合这些已创造的社会和经济力量中所出现的紧张局势。

500亿美元现象

尽管具体的定义和方法论可能多有变化，但小额信贷的基础前提却很简单：把小数额的资金（通常在50～1 000美元）借给通常没有任何资产能够作为借贷抵押品的贫穷借款人。

小额信贷的想法并不新鲜。为给穷人提供基本借款服务而做出的各种努力，已经出现在爱尔兰借贷基金会（Irish Loan Fund）——由牧师乔纳森·斯威夫特[Jonathan Swift，《格列佛游记》（*Gulliver's Travel*）的作者]在18世纪初创立的基金会，一个世纪后，还出现了德国乡村银行合作社，西非苏苏人小型贷款网络，以及各种各样遍布世界的信用合作社、储蓄合作社。基于这些优秀的实践，从最初在20世纪70年代孟加拉国、印度和巴西等国家中互相独立的试点开始，现代小额信贷行业发展起来。

通过不同的方式，这些试点颠覆了如何经营银行的传统经验。他们发现，没有物质财产作为抵押品的人（特别是女性），更可能是可靠的借款人，因为如果她们代表某个群体的一部分借贷，那么该群体就要对每个人的还款负责。同辈的压力取代失去已抵押物品的威胁，而这会诱导借款人偿还自己的贷款。同辈群体的智慧取代信誉报告和贷款职员，决定谁是有信誉的人。

最初，现代小额信贷是一个捐赠者基金发展项目。这些试点从私人基金会和政府机构——开发援助和扶贫项目的传统支持者——吸纳了初始的补助金。就本故事中的这一点来讲，小额信贷很可能作为发展创新历史长河中的又一次以失败告终的试验，而这些发展创新看似预示着某些东西，但最终没有产生多大的影响力。但是就像传言中这些组织所实现的成功一样，同样的方案也在发展中国家实行过，一些早期的开拓者大量涌现。随后的几年里，非营利和政府主导的小额信贷经营不断增值。

最终，捐赠者基金允许开拓者改善运作模式，在新模式中，小额信贷机构不仅能持续借贷，还可以获得巨大的收益。过去的十年中，这些有利可图的小额信贷商业开始吸引商业关注和投资资金。现在商业小额信贷是一个很广泛的行业，涉及一系列机构，范围从主要投资银行如摩根士丹利和花旗集团，到大型退休基金、专业银行家和投资顾问、政府资助下的开发性金融机构。

对许多人来说，现在在以盈利为目的的投资中，小额信贷是佼佼者，这些投资管理有效，并且能在实际操作中促进贫穷地区发展生产力。然而，其他一些人仅仅把它看成投资者和贪婪商人利用贫苦农民的又一项工具。但是，从它的成功及其所引发的争议上来看，小额信贷是旨在获得多种回报影响力投资的原型。

管理品牌

至少到2010年市场动荡之前，小额信贷尽管备受争议，但一直是国际发展近期最成功的品牌。在政治领域，小额信贷为我们展现了一种罕见的号召力，被看成是在政治权力照顾下以商业和市场为导向的一种商业模式，对低收入妇女来说，小额信贷是鼓励她们创业的一种工具，同时，她们还带动了其他人参与其中。这一品牌的内涵使它获得了广泛的、可靠的支持。过去35年中，估计有150亿美元直接拨款和资助贷款从政府捐赠机构和基金会流入大量的小额信贷行业和非营利性组织。该品牌的价值有：

- 能够让Kiva.org通过网络平台筹集到超过2亿美元的无息贷款，该平台允许私人放款人借贷给贫穷国家的人。

- 允许总部设在瑞典的资产管理公司ResponsAbility主要从富有的欧洲人那里为自己的小额信贷基金筹集超过10亿美元的资金。

- 2005 年，帮助花旗银行建立其全球小额信贷业务单位。
- 2006 年，策划一场给小额信贷的开拓者穆罕默德·尤努斯(Muhammad Yunus)颁发诺贝尔和平奖的活动。

小额信贷从捐赠者资助的局部创新到成为国际潮流的华丽转型，来源于媒体行业内领头者的合作。尽管穆罕默德·尤努斯的格莱珉银行，既不是第一个也不是最大的现代小额信贷的贷款人，但是尤努斯创造小额信贷新品牌的国际形象，成为他在传统保守的孟加拉国内进行无数演讲和访谈的魅力支撑。1989 年，美国新闻节目《60 分钟》(60 Minutes)对格莱珉银行的专题报道提高了人们对小额信贷的关注度，它可以作为解决贫穷问题的一种有效工具，由此进入了一个新时代。

8 年后，在尤努斯的支持下，第一届小额贷款峰会(Microcredit Summit Campaign)在华盛顿举行，参加会议的有 2 900 人，这次会议定下了一个引人瞩目的目标，那就是：到 2005 年，小额信贷的服务对象要达到 1 亿人，用信贷支持个体经营和小企业的成长。这次会议掀起了全行业倡导小额信贷的高潮，并且使联合国宣布设立一个小额信贷国际年，即 2005 年。第二年，随着尤努斯被授予诺贝尔和平奖，小额信贷行业的发展达到全球倡导的高峰。

建立行业基础设施的合作领导关系

通过这一品牌的塑造程序，那个贫穷的妇女通过小型企业改变命运，已成为众多小额信贷成功案例中的一个鲜活例子。但是，与此同样重要的是，互相合作的领导阶层也成为小额信贷成功的关键。相对于大型的首次公开发行(IPO)或者诺贝尔奖，先行者更容易忽视合作关系，这是不明显但很重要的关键因素。那些试图从小额信贷的发展历程中找出更多经验教训的领导者，需要认真思考一下大多数可查证的成功背后的故事。以小额信贷为例，互相合作的领导阶层促进了关键行业基础设施的发展，诸如更加健全的评估机构、特定的捐赠群体、投资顾问服务、数据保存、倡导性组织、培训中心和同行交流网络。

然而，早在 20 世纪 50 年代，就有大胆的实验想要发起现代小额信贷运动。20 世纪 80 年代，网络的形成有助于把这些实验联系起来，并将其推向国际领域。妇女世界银行(Women's World Banking)是一个连接着 39 个小额信贷机构的国际非营利网络系统，其中的 39 个小额信贷机构主要用于确保妇女能够得到小额信贷的帮助，这是 1980 年国际妇女峰会的结果。5 年后，小企业教育和促进网络系统(Small Enterprise Education and Promotion Network)全面启动，最初致力于使从业者能互相分享经验和教训。在拉丁美洲，地区组织在多个国家的运作，提高了小额信贷行业的知名度，并且证明了该合作关系对小额信贷发展的重要性。

这些网络为 20 世纪 90 年代小额信贷更广泛的基础设施建设和行业发展奠定了基础。1995 年，世界银行扶贫协商小组(Consultative Group to Assist the Poorest, CGAP)的成立，把世界银行、国家开发性金融机构、私人基金会等多边金融机构的捐赠者聚合到一起。世界银行扶贫协商小组成为一个强有力的协调机制和聚合行业领袖的支撑点。

通过在有时候年预算会超过 2 000 万美元的组织内整合捐赠者和行业领袖，世界银行扶贫协商小组组成了很重要的团体，并通过这种团体合作的方式，明确全球产业基础设施之间的差距，同时，想方设法进行弥补。为了给这一行业提供信息中心入口，世界银行扶贫协商小组设立了小额信贷网络入口(Microfinance Gateway)——为全球小额信贷社区打造的在线信息资源平台。2002 年，世界银行扶贫协商小组帮助合并了两个数据项目，创造出了综合型市场(MIX Market)这个个体机构财务绩效数据清算库，这些个体机构靠私人投资者巩固了随后的投资业务。世界银行扶贫协商小组也促进了小额信贷金融评级系统的发展，成立了一个基金，专门资助信息系统的投资，并且创建了一个支持商业策划的工具——小额金融(Microfin)。该行业群体同时还建立投资银行研究部门，如德意志银行和摩根大通银行，给投资者提供报告，主题范围从长期市场规模估算到股票估值。

聚合这些可以搜集到的移动平台和资源，使小额信贷能够成为一个连贯性的行业。与相互孤立的工作模式相反，小额信贷组织内的专业人员可以从与他们组成同一个网络的同辈那里学到许多有益的经验。研究项目也可以得到经费赞助，并得以执行。人才市场开始变得更加清晰，因为在小额信贷领域内，专业人员更容易为自己选择出一条职业道路。通过这种方法，小额信贷提供者的成功，就能证明小额信贷的价值，能够使后来者的创业道路更加容易。

驾驭商业资金的浪潮

由于拥有强有力的国际品牌和牢固的网络结构，小额信贷的规模和种类取得了迅速扩展。但是，由于影响力投资者正寻求跨地域和跨界投资(本书中后面的章节对这一点解释得比较清晰)，想要做好集成化的经营工作并不容易。过去十年，小额信贷在吸引主流资金方面取得的成功，给非营利小额信贷这类业已成型的行业带来了颠覆性影响，既有机遇又存在争议。小额信贷行业仍在努力寻找它的新核心。

就像小额信贷商业化支持者所长期希望的那样，小额信贷从全球千万亿美元资本市场筹集债务资金和权益资金的能力，解救了顶级小额信贷机构，把它们对慈善家和政府资助的各种依赖中释放出来。2006 年，连接英国办公职员和秘鲁水果商人的 1 亿美元的交易，只是该小额信贷潮流的一个例子。2007 年，筹集 1.1 亿美元资金，用于类似的交易。直到 2008 年，国际投资者利用超过 100 项小额信贷投资工具，投资资金超过 65 亿美元，同比增长 35%，尽管当时主要信贷市场已经崩溃。[1]2010 年，瑞士基金 ResponsAbility 和蓝色果园(Blue Orchard)的小额信贷基金管理着大约 10 亿美元的资金。尽管现在小额信贷中风险投资基金表现很活跃，但是最知名的莫过于硅谷风险投资的传奇——红杉资本(Sequoia Capital)，在印度最大的小额信贷公司 SKS 于 2010 年首次公开发行之前，通过一系列股权投资入股 SKS，进入印度小额信贷市场。

除资本之外，小额信贷机构现在能够享受很多金融服务，银行把它们当作客户，而不仅仅是慈善机构。2005 年，花旗银行成立了全球小额信贷业务单位来提供这些服务。在印度，当地的金融服务公司，诸如 IFMR 资本（IFMR Capital），正致力于为小额信贷提供结构化债券发行和证券化服务。

没有慈善家的参与，现代小额信贷就不可能存在。但是没有这一次整合进全球投资系统，小额信贷也不可能发展得如此迅速。小额信贷峰会的目标是把小额信贷引入 1 亿个家庭。但问题是以什么样的价格引入呢？

对一些人来说，这一行业正迷失在追求主流资本的狂潮中。他们认为，追逐利润型投资者歪曲自己所支持小额信贷公司的社会目的，不管是做风险投资，还是在首次公开发行之后买进股票。同时，他们指出，进入全球资本市场的路径，隔离了行业群体之间的联系。50 家最大、最明智、专注于最贫穷的国家和地区的小额信贷机构，得到了投资资源和关注。然而，成千上万的其他机构，由于太小或者盈利不足，难以满足商业投资的标准，在很大程度上被忽视了。[2] 由于缺乏足够的社会影响力，无法解决这些机构所面临的难题，因此针对使商业资本对小额信贷的负面作用开展了热烈的讨论。

对主流投资者来说，关于资金筹集策略和增长方式的争论，出现在商业媒体和董事会会议室中。它们是评估竞争商业模式及其所需资本和资源要求的投资分析师和公司战略家所关心的。但是，作为一项影响力投资，小额信贷关心的不只是利润。具有社会动机的私人和公共投资者正在向小额信贷机构提供资金，因为他们相信，这符合穷人的长期利益。监管者考虑，能够通过建立控制小额信贷运作的规章制度，激发其潜在的扶贫力量。专业人员正离开他们的主业，转而从事小额信贷的运作，并创立投资基金，追求自己职业的双重价值。这些争论现在已进入新闻报纸的头版和政府的会议大厅。不仅对于小额信贷的未来，而且对于更广泛意义上的整个影响力投资领域，其意义都是非常深远的。

影响力投资者能从小额信贷中学到什么

就如现代小额信贷行业的简要演进过程所显示的那样，该行业受益于具有思想深度的合作和品牌经营。它也遇到了许多挑战，这些挑战在更广阔的影响力投资领域将变得越来越司空见惯。小额信贷从一个捐赠者的发明创新到成为一项资本市场驱动型的强有力工具，这种转型相当具有冲击力，已经被提上私人争论和公众热议的议程。这些分歧强调了过度关注和推广社会影响力投资所带来的危险性，以及低估了许多人对营利性企业为穷人提供基本服务的道义上的合理性。

在一个日益显著的舞台上，行业领袖开始讨论什么是小额信贷——是一种社会创新还是营利性投资的新商业模式，以及谁决定它的未来？

这次争议的三个中心问题与影响力投资行业更广阔的发展密切相关：

- 谁控制着品牌？
- 我们如何维持领导阶层的合作关系？
- 投资为消除贫穷做了多少努力？

关于两次"首次公开发行"的故事

在公开市场中出售基本生活物品的妇女可能是小额信贷的原型，就像在主要投资交易所的首次公开发行，通常会有成功的公司控股人敲钟——也可能是现代资本主义的原型。然而，事实证明，这两种标志性的原型图景是可以相互兼容的。随着近年墨西哥和印度的小额信贷公司的首次公开发行，对小额信贷的利润和商业投资产生了巨大影响，与该影响相关的、隐忍已久的争议，现在已经全面爆发，给影响力投资行业更广阔的发展提供了重要的教训。

2007年，墨西哥小额信贷银行康帕多(Compartamos)在墨西哥证券交易所发行上市。持续盈利、强劲的发展前景以及投资者对墨西哥金融服务股票的偏好，大幅提高了其首次公开发行价格。首次上市，康帕多银行估值为15亿美元，其股票超额认购13倍。1998～2000年在这家公司投资了600万美元的早期私人投资者，现在他们的投资价值增长了250倍。

康帕多银行的首次公开发行，使机构投资者抓住了在小额信贷行业内投资的机遇。在这次发行上市之后，我们发现，在自己关于影响力投资的公开演讲中，出现了一个新的群体。除了致力于发展的专业人士和社会企业热心人士外，主流的私募股权投资者和攻读金融专业的学生也听说过康帕多银行，并希望知道如何才能抓住类似的有利可图的投资机会。

后来，在2010年，印度最大的小额信贷机构SKS在孟买证券交易所首次公开发行。2007年开始，因为从传奇的美国风险投资公司——红杉资本——得到一系列投资援助，SKS成长得非常迅速。到首次公开发行的时候，SKS的客户群体是前一年的2倍，超过650万户。这一次公开发行上市从投资者那里筹集到3.47亿美元。就像康帕多银行的超额认购一样，股票价格出现持续飙升。这种情况使SKS在首次公开发行后的一个星期之内市值达到20亿美元。

SKS的首次公开发行，使全球媒体和印度的政府官员看到了小额信贷存在的巨大利润。消费者权益提倡者指出，一些印度小额信贷机构存在强制性的索赔流程和不诚实的贷款发放业务。关于债务诱发自杀和SKS的创立者和投资者每天几百万美元薪水的这种争议性报道，政治家和媒体强调了两者之间的矛盾冲突。在印度小额信贷的中心安得拉邦州马上起草了相关文件，关闭商业性小额信贷。[3] 12月，SKS的股价跌了50％。

安得拉邦州的混乱成为世界重要新闻报刊的头条，我们时常会提出这样的问题，通过向穷人出售基本的生活用品赚钱，这是否符合道德正义性。[4]小额信贷机构内部的董事会成员，把这一问题更进一步引入影响力投资行业，他们指出，当被问到影响力投资是否真的能承担起信誉风险这一问题时，会引发争议。

在上述两家公司大型首次公开发行之前，不管是康帕多银行，还是SKS，都开始成为捐赠者资助的非营利性组织。1990～2000年，在它们作为非营利性组织的10年里，康帕多银行得到了430万美元的资助、3 000万美元的特许贷款，还有一些来自公共开发机构的担保。SKS的第一个机构投资者是美国非营利性组织——响应绿色基金会(Echoing Green Foundation)，1997年，该组织授予SKS创立者两年的伙伴关系。它们都从广泛的小额信贷产业基础设施中受益，包括管理者培训和技术援助。例如，世界银行扶贫协商小组的数据搜集工作，使机构投资人投资公开募股变得更轻松。[5]

从它们同样作为非营利性组织的起源来看，两者后来都吸引了大量的商业性投资。对一些人来说，这种转型是值得庆祝的胜利。对非营利性组织网络安信永(ACCION)来说，2000 年，它帮助康帕多银行从一个非政府组织转变成一个金融公司(并且 ACCION 在康帕多银行的首次投资中赚取了 1 亿美元)。首次公开发行完全证实了支持小额信贷机构的策略可以为投资者带来利润，并以此为长期的发展吸引几十亿美元的资金。然而，对其他人来说，商业投资者进军小额信贷领域是一个噩耗，因为资本主义使一个曾经高尚的机构堕落。在首次公开发行之后，穆罕默德·尤努斯给康帕多银行贴上一个新标签——新型的剥削"放债人"。[6]在印度，一些政治家极力要求 SKS 的客户延长自己的贷款偿还时间。

最后，两种极端的观点既不正确也没有用。毫无疑问，商业资本进入小额信贷，大大增加了成百万穷人获得小额信贷并从中受益的机会。同时，这也为贪婪的商人利用穷人客户获取利益创造了机会。

围绕以上两次公开发行的热烈争论将持续下去，因为除了小额信贷之外，影响力投资在一些地区还采取了其他投资形式。这两次公开发行揭示了超卖影响力投资股票的危险性，因为它就像一颗射进贫穷的银子弹，同时，这两次公开发行强调了与媒体和政府管理者需要进行合作。一个公司的商业决定如何转变整个行业的声誉，该问题也突出了改善自我监管和行业领导阶层间合作的重要性。

谁控制着品牌?

小额信贷同时作为一项有利可图的投资选择和强有力的发展创新，受到越来越多的关注，如何使它被公众知晓，关于这一话题的讨论也越来越有争议性。

作为影响力投资行业可能发生挑战的前兆，小额信贷的领导者分裂成两大阵营。从一个角度看，人们认为非营利性小额信贷是一项经济发展工具，旨在帮助穷人中最为贫困的那部分人。他们强烈地抵制商业资本的入侵，因为商业资本不寻求社会利益。他们担心，贪婪的投资者和商业经营者会利用贫穷的客户，破坏捐赠者和政治家对小额信贷经营者的支持。从另一个角度看，关注商业利益的群体强调的是小额信贷获取利润的能力，小额信贷是他们进入全球资本市场快速获取客源的关键。通常情况下，他们不再强调小额信贷的发展潜力，而是担心类似贫穷妇女的故事和社会目的，会吓跑主流投资者。

对那些依旧坚持非营利性质的小额信贷公司来说，尤努斯是非营利道路上坚定不移的旗手，然而，小额信贷的倡导者安信永及其附属公司与世界银行扶贫协商小组是小额信贷走商业化发展道路的最好例子。

商业性小额信贷公司有没有创造出有利可图的发展效应，有关这方面可靠的数据和分析，有助于平息这场争论。更多聚焦于发展的非营利性机构创造了相对更多的(或更少的)社会福利,明确的证据也能平息这次争论。这些数据能证明正在进行的慈善支持活动,把资源从其他优先拨款的地方和实施创新战略的地区抽离出来。但是,小额信贷行业在很多方面迟迟未认识到衡量社会影响力的重要性。首次社会测量行动聚焦于帮助小额信贷公司认识发展成果这种简单的活动,如妇女借贷者的百分比和平均贷款规模——其假设贷款规模越小,服务对象越能准确地定位在穷人上面。但是,现在还没有学术研究成果能够证明,提供小额信贷和长期经济发展两者之间有明确联系。

在迂回的道路上,由于陷入公众争议的漩涡,一些小额信贷投资者的商业成功,激发了他们去努力衡量和证明小额信贷的社会效益。世界银行扶贫协商小组成立了社会绩效小组,为跟踪报道小额信贷机构的发展确立一个衡量标准。为了响应这一号召,格莱珉银行正极力推出发展贫困指数(Progress Out of Poverty Index)。小额信贷公司所做出的上述努力,以及在其他一些方面的努力,超越了简单的客户情况分析,真正考查了小额信贷发展成果所具有的社会影响力。

更广泛的影响力投资行业现在可以动员起来,以避免今后再玩类似的社会评估游戏。小额信贷行业在社会影响力测量领域的智力"破冰"举动,同时也使其他影响力投资者受益。我们在第八章描述的创造性发展模式是一个良好的开端,特别鼓舞人心的是合作精神,许多标准制定活动现在正从这一精神中受益。但是对影响力测量工作的持续关注对确保影响力投资行业的长期发展是必要的。

我们如何维持领导阶层的合作关系和产业基础设施?

小额信贷的近期发展证明了领导者关系合作和投资公共物品基础设施的重要性,后者是本书第二部分探讨的主题。但是小额信贷的双重性——投资者有利可图的活动和追求多重回报,包括追求穷人经济发展回报的工具——提出了一个重要问题:谁应该支付并且维护该行业基础设施?小额信贷行业是否要继续维持它的基础设施,这一问题对影响力投资的未来发展有着重要的启示。

当小额信贷仅仅是一个聚焦于扶贫的非营利性发展项目时,使用捐赠基金支持行业基础设施可以讲得通。政府基金和私人慈善组织提供了数百万美元资金,帮助建造小额信贷行业的架构。这些补助金有助于建立起数据平台、评级机构和合作中心,更不用说还有助于一些小额信贷机构本身的发展。如果小额信贷变成另一种商业贸易模式,那么,追逐利润的参与者需要解决如何一起为基础设施埋单的问题。这就是其他行业的公司和投资者通过贸易协会、收费服务和授权许可商业模式所采取的一贯做法。

但是,如果小额信贷在这两种极端之间找到一条新的发展道路,结果会怎样呢?高收益的小额信贷公司,诸如康帕多银行和 SKS,有能力承担集体基础设施。但是这些公司与没有能力支付服务费用,但能创造大量社会效益的小额信贷非营利性组织共生。捐赠者应该继续把稀少的慈善捐助用在小额信贷部门吗?这些小额信贷使投资者越来越富有——或者是有的小额信贷背弃了仍在依靠补助金的非营利性组织。在交叉补助模式中,有更多的营利性机构为这些服务支付费用,帮助较少的同行使用服务，这种模式看起来似乎很合理。但是，几乎没有组织愿意为这些曾经受过资助的服务支付全部费用，在这样的地方建立交叉补助很困难。

关于小额信贷的这场争议只是一个更漫长故事的前奏，该故事很可能会阐明，在更广泛的影响力投资领域内，补助和利润两者之间的相互影响。就像我们即将在下一章讨论的那样，许多行业中所存在的固有利益与目的相互综合，会产生混乱。当我们还陷在这种混乱中时，先驱们早就在一边探索一边学习了。我们发现一些慈善家愿意资助小额信贷行业的基础设施，即使专注于利润的投资者会从中谋取利益。我们把投资者联盟联系起来，交叉补助一些行业内不太富裕的从业人员，该联盟业已认识到采取这一做法的必要性。同时，我们正在寻找一些捐助者，他们愿意补助更具商业头脑的投资者，从而放大创新规模。但是，建立和维持这些联盟，并保持对话沟通，都不是容易的工作。综合价值所产生的财务动机和社会动机之间存在复杂的相互影响关系，关于这一话题的讨论，有助于我们为影响力投资产业奠定更加稳固的基础。

从银子弹到大号银铅弹

正如证明社会影响力所遇到的困难那样，小额信贷存在着巨大潜力，但并不是终结贫穷的最有效武器。小额信贷过分吹嘘其能触及的人和能做到的事，这只会让没有耐心的投资者感到失望，他们希望找到简单快捷的方式，解决复杂而根深蒂固的欠发达问题。

小额信贷能否并且应该服务于所有人，甚至包括赤贫者，这一问题已经成为聚焦商业和聚焦发展两大投资者阵营紧张局势中的一根“避雷针”。世界银行扶贫协商小组在 2003 年决定把官方名称由原来的“援助赤贫者咨询团”(Consultative Group to Assist the Poorest)改为“援助穷人的咨询团”(Consultative Group to Assist the Poor)，由于尤努斯和世界银行扶贫协商小组主席伊莉莎白· 利特菲尔德(Elizabeth Littlefield)在媒体上互相攻击，因此随之而来的争议暗示着这次大争论的到来。

小额信贷能惠及谁，关于这一问题的争论是，小额信贷能否真正为它的服务对象消灭贫穷。要解决这一争论，需要变换一下思考问题的方式。只要小额信贷的市场定位是一项消除贫穷的工具，那么拖延贫穷问题将会控诉小额信贷领导阶层没有承担自己的责任。如果他们的客户仍然滞留在原来的贫穷状况，那么就会指控他们，在贪婪的引诱下背离了其社会使命。

相反，把小额信贷看作为穷人提供经济机会或许会更好，但是，必须与更广泛的经济发展战略配合使用。在许多社区，金融借贷是小额信贷谋求更广阔发展空间的一个必要且不充分的条件。从这一角度出发，也许小额信贷要找的不是消除贫穷的一颗银子弹，而是要找到一个像银铅弹一样威力巨大的武器，并通过该武器找到成功的路径，以解决贫穷所带来的挑战。

在这种情况下，影响力投资将把多余的“弹头”装进“弹筒”。除了贷款给无银行账户的人，影响力投资者还在设计一些商业模式，向其客户销售他们能支付得起的医疗保健、教育和住房服务，而之前这些客户早被传统的商业和政府机构遗弃。但是，这些办法中没有一个足以消除贫穷。就像小额信贷的先驱们现在知道的那样，影响力投资者需要树立明确的目标，并且有效参与同政府、非营利性组织、私人慈善机构和主流行业的合作，这些项目会为人们走上富裕的发展道路创造条件。

综合价值世界中的小额信贷

南亚和拉丁美洲的非营利性组织是小额信贷始创的两个试点，从这一现代源头到小额信贷的大型首次公开发行，经历了为该部门带来数百万美元的转型，小额信贷成为影响力投资获取多重回报的一个既实用又危险的范例。它实用，是因为它给我们提供了一个利润和目的并行的良好商业模式，如何通过一个有价值的服务获得成千上万的客源，并且第一次把他们与全球资本市场的流动联系起来。而它的危险也出于两个原因：第一，小额信贷现有成功的可见性阻挡了它本可获得的40年的补助金，而且还要承担基础设施建造的费用；第二，这种成功吸引了各种各样的投资者和商人，包括那些只关注私人利益，不关注社会目标的人，并且他们的商业实践会挑起批判风波和强烈抵制运动。

实现一个梦想

卡洛斯·达内尔·森多亚(Carlos Danel Cendoya)，

康帕多银行创始人，墨西哥墨西哥城

早在20世纪90年代，墨西哥就走上了成为发达国家的奋斗之路，就像我们所知道的那样。然而，对于我们这一群体来说，就如非政府组织的大学生志愿者一样，很明显，许多墨西哥人仍然缺乏发展机会。

我们陷入小额信贷的泥潭，小额信贷在亚洲和南美洲发展得很好，但墨西哥和其他比较大的中等收入水平的国家却没有。突出表现在两件事情上：规模潜力和运用商业规则解决社会问题的想法。我们成立康帕多银行的理想目标是服务于100万个客户。

我们没有任何银行业或金融背景，几乎没有资金，与小额信贷也没有联系。但是我们立志去做，一边做、一边学，每次前进一小步。我们受建立“社会公司”理念驱使，承诺要创造社会价值(在最短的时间内为尽可能多的人提供金融服务)、财务价值(使快速成长成为可能)和人类价值(使每个利益相关者享受到更好的生活)。

然而，小额信贷离主流投资者还很远，资助非政府组织的发展充满挑战性。其他国家拥有捐赠者团体，而墨西哥却寥寥无几。但是，我们尝试着第一次连接小额信贷市场，我们明确地知道这种做法在其他一些地方取得多次成功。跟随先驱者的脚步，我们把商业性小额信贷同时看作利用商业规则的有效路径和快速成长的道路。

20世纪90年代末，我们转变成一家接受监管的金融公司。从小额信贷领域内领先的社会投资者群体中募集资金，如安信永、ProFund国际(Profund International)和国际金融公司这样的开发性金融机构。我们找到了愿意为我们冒一次风险的私人投资者。慢慢地，投资者发现小额信贷是一个值得投资的项目。同时，我们也学到了募集发展资金需要决策透明、治理优良并且承担责任。

2007 年 4 月，我们通过首次公开发行，使康帕多银行在交易所上市。我们曾预料到首次公开发行将会引发争议，但仍低估了它在整个小额信贷行业所引发的冲击波。一些评论担心新的投资者会影响我们，使我们背弃自己的社会使命。许多人一直对把利润作为引导产业发展杠杆的做法很不满意。后续争论更加激烈，可能最好的结果就是要逼迫人们选择一个立场。很明显，这一争论没有单方面的正确答案或模型，但是很难说商业性小额信贷抛弃了为 100 万人服务的原始目标。

康帕多银行首次公开发行后的四年内，我们仍然服务于同样数量的客户，这维持了我们的发展，使我们的评估质量保持稳定，并且提高了行业的效率。最重要的是，在创新和竞争的刺激下，小额信贷市场发生了变化。在我们开展经营的前 10 年里，为 6.4 万客户提供服务。在接下来的 10 年里，我们服务的客户数量达到大约 200 万。

但是，这一行业仍然存在很多挑战。最关键的是要明白，小额信贷到底是为客户做什么。最初，小额信贷例行公事地宣称自己能消除贫困。今天，过去那些宣传已经得到适度修改，但是仍然存在问题，小额信贷不是消除贫困的银子弹，却过分强调它的社会影响力。而这些往往是捐助者和慈善家特别关注的东西。

小额信贷扩展成具有全球规模的行业所遇到的挑战依然存在。很多人仍然不信服，并且行业交付的产品仍然有限，且受供给驱动。因此，商业性小额信贷的增长不仅需要审慎的监管，还需要优秀的管理层、良好的治理结构、良好的道德感和商业原则。没有这些，小额信贷产业的发展举步维艰。

当我们迫切渴望为实现自己的志向做出一点行动时，康帕多银行放弃了它为我们未来提供机会的责任，放弃了为那些最有需要的人创建一个行业，以此为他们提供服务的机会。

对小额信贷的开拓者来说，什么使影响力投资成为一个更广泛行业的“领头羊”？这一问题的答案可能会证明是一种恩惠。许多小额信贷的投资者很擅长利用这些技巧、网络和商业模式，这些东西是为服务客户和进军更广阔的影响力投资市场而创造的：

- 已建立的小额信贷机构的经营者正着手研发新的影响力投资产品，这样的小额信贷机构有瑞士蓝色果园，2007 年，其开创者创立了竹基金，用于投资贫穷国家的中型企业。
- 其他的机构则用现有的小额信贷工具进入新领域，如 ResponsAbility 在 2010 年发起了一只投资范围更大的影响力投资基金。
- 美国一个开创者建立的小额信贷投资工具灰色幽灵风险投资公司（Gray Ghost Ventures），除了投资小额信贷之外，还扩展了自身 2 亿美元投资基金的投资范围，包括投资贫穷国家中费用能支付得起的私人学校。

● 统一战线（Unitus）内投资者的次级股权基金包括除小额信贷外的投资分配，他们宣布这些投资分配使小额信贷全行业联合起来，把关注点转移到影响力投资的新领域中去。

同时，影响力投资行业的成长会打破周边的和谐，在推动新兴市场内经济发展的同时，一些投资者还对促进积极的财务回报感兴趣，直到最近，小额信贷才开始欣赏这些投资者。随着社会企业家开创出一些商业模式，允许影响力投资者支持给穷人提供基本服务，诸如医疗保健、教育、干净水和电力这样一些商业措施，小额信贷的领导阶层也必须调整自己的商业模式，创造最大的双重价值。社会企业中的影响力投资，要求投资者在结成非同一般的伙伴关系上更为老练、更具智慧，并且创造出新的、更好的投资模式。下一章我们将会讨论这两种变革性想法碰撞后所带来的机遇和挑战。

第四章　社会企业中的影响力投资：在“混乱”中前进

呼叫救护车请拨热线1298(Dial 1298)

沙非·马瑟(Shaffi Mathur)和拉维·克里希南(Ravi Krishnan)发现，当妈妈生病了并且需要急救的时候，可以打电话求救。拉维的妈妈在纽约市生病了，拨打911急救电话，可以马上被救护车送到医院急救。沙非的妈妈在孟买生病了，但是，只能在没有任何医疗救助的情况下，度过一个担惊受怕的夜晚。在孟买，没有急救电话。

受这些不同经历的启发，沙非和拉维决定把急救服务引入印度。在两位朋友的协助下，他们成立了一家公司——Ziqitza医疗中心(Ziqitza Healthcare)。2005年，Ziqitza用40万美元在孟买设立了急救热线电话1298。他们从伦敦急救服务站获得免费培训和器材，以及大量支持者的捐款。但是，他们不单单依赖捐款，还寻求一些利润回报，以此购买更多的急救车，进而把这项服务扩展到更多城市。他们建立起多种付费系统，通过该系统，需要急救车把他们送进私人医院的病人，比那些只要求进入公立医院的病人，要支付更高的费用。他们还在急救车上做广告。

2007年，“热线1298”可以一次性启动10辆救护车，但是，这些救护车远远不能满足超过1 500万人口的急救服务需求。由于非同寻常的商业模式、强烈的社会关注以及有限的抵押物，“热线1298”不能说服尚持怀疑态度的商业投资者，也无法获得银行贷款。但是，它们确实吸引了智者基金的兴趣，后者是纽约一家非营利性组织建立的基金，用于投资那些利用商业方式给穷人提供基本服务的企业。2007年，智者基金给“热线1298”投资了150万美元，并且分拨了一批人员为其提供战略咨询服务。

“热线1298”用这笔投资购买新的救护车，稳定高层管理团队。这次投资让“热线1298”能够重新调整自己的运营模式，并获得市场吸引力。该公司还参加了全国性宣传运动，说服政府支持紧急医疗服务。2009年，第二轮股权融资又从智者基金和另一个商业性医疗保健服务供应商的战略性投资中获得100万美元。到2010年，公司拥有救护车超过240辆，还从国家获得8 000万美元，用于扩展孟买以外城市的急救医疗服务。

孟买和其他城市的居民，在需要急救服务的时候，现在有了一个可靠的号码可供拨打。

像尼龙搭扣一样的两面性

正如这个故事所表明的那样，解决社会和环境问题，不再是传统的、靠拨款资助的非营利性组织和政府机构的专属领域。相反，社会企业，像“热线 1298”的创立者，正在着手运用商业思维和实践，创造追求社会和经济两方面效益的综合价值。[1]许多社会企业需要拨款和补助来扩大规模，但是越来越多的其他企业，选择投资者和经营者双方都可获利的商业模式。这些社会企业家在其思想和方法上体现了综合价值的主张。他们很乐意采用自己可以掌握的任何公司形式和资本工具。“什么才是应对社会挑战的正确方法”与此提问相反，他们问的是“是什么在发挥作用”。

这就是使事情变得越来越有趣的原因。随着影响力投资行业不断进化，提倡社会企业家精神的运动也如火如荼地开展起来，社会企业家和影响力投资者从这些共识中得到许多机会。正如草根资本的创立者威利·富特(Willy Foote)认为的那样，社会企业家对一些投资者来说是“尼龙搭扣的另一面”，这些寻求企业支持的影响力投资者，可以将资本转换成综合价值。

但是，这种更大的机遇与社会企业家和影响力投资者的结合，带来的复杂性更大。就像“热线 1298”所显示的那样，社会企业中的影响力投资者所面临的风险，来自在前沿市场投资过程中不断演变的商业模式，通常情况下，在这些部门中缺少被广泛接受的实践，无法产生或衡量结果。

把资金投入能够产生综合价值的行业，通过这种方式，社会企业投资能使影响力投资的潜力和挑战变得明确具体。影响力投资者正着手建立像“热线 1298”这类型的公司，从而扩大对印度地区穷人的服务范围。诸如草根资本这样的创新者，正极力提高世界上一些贫穷国家农民增加收入的机会。但是，投资社会企业也不容易。成功的影响力投资者必须能够把握复杂的伙伴关系和资金结构——带来资助、补贴和商业投资资本。他们必须寻找新的合作方式，建立一个稳定的生态系统(超越了他们特定投资的狭隘关注点)，积极参与调整被投资企业的商业模式，并全面测量他们能够得到的综合价值回报。这些正是在影响力投资行业其他领域中取得成功的投资者所具有的技巧和特征。

支票簿两边的源头

在我们关注社会企业家与影响力投资的特定结合之前，需要强调一下创造社会企业家精神运动中的几个要素。追溯企业家精神的源头，就像试图说有人发明了现代汽车，就像小汽车发明家一样，世界上许多国家中，很多人都曾经想象过社会企业家精神。通常情况下，我们认为，企业家精神这一概念在国际上固定下来始于 20 世纪 80 年代，阿育王(Ashoka)的创立者比尔·德雷顿(Bill Draytou)这位变革者及其阿育王基金会(Ashoka Foundation)开始定义并支持“提供解决社会紧迫问题创新方案的个体”。阿育王基金会的国际工作在美国受到了响应绿色基金会国内工作部和其他个人社会企业家早期投资者的资助。虽然支持者强调了这些领导者利用创业原则来运营其组织的方式，但是，该组织最初关注的是非营利性组织的领导者和社会或民间社团运动。

很快，社会企业采用一种更加以市场为导向的方式，并开始占据上风。在美国，许多经营非营利性组织的社会企业家，开始利用商业工具和市场化战略，追求社会变革和积极的环境效益：同心协力（Share Our Strength）的比利·肖尔（Billy Shore）倡导善因营销；全国社会企业家精神中心（National Center for Social Entrepreneurship）的杰尔·博舍（Jerr Bosche）提倡赚取收入的路径；一些社会企业家利用自己以市场为基础的社会性企业，为以前无家可归的人提供过渡性就业，而这些社会企业靠公益创投和自身盈利来维持运营，旧金山罗伯茨企业发展基金（Roberts Enterprise Development Fund，REDF）的创始人董事杰德（Jed）通常与这样的社会企业家合作。诸如救世军（Salvation Army）、Goodwill 二手超市以及其他的历史性创新者，发挥了示范带头的作用，在其实践和榜样作用下，社会企业家不断增多。20 世纪 90 年代中期，这些社会型企业家和其他一些人不知疲倦地宣扬社会企业家精神，因为它融合了过渡性社会改进的原则与市场纪律，并推动了收入的增长。

在英国，查尔斯·汉德（Charles Handy）、迈克尔·杨（Michael Young）和社区群体创新者的代表，率先执行了许多社会企业策略。他们还为英国大社会（Big Society）项目中的诸多倡议和融资创新从事基础性工作。

社会企业家还出现在商业公司领域。这个以市场为导向的企业子群体主要由一些小公司组成：如班和杰瑞（Ben and Jerry’s）的本·科恩（Ben Cohen），美体小铺（The Body Shop）和安妮塔·罗迪克（Anita Roddick），巴塔哥尼亚（Patagonia）的伊冯·乔伊纳德（Yvon Chouinard），以及石原农场（Stonyfield Farm）的加里·赫什伯格（Gary Hirshberg），也有许多人启动以利润为主导的风险投资，追求财务、社会、环境和创造价值的多重回报。

在这些社会企业家的支票簿上出现了新的投资者。公益创投给非营利的社会企业带来了新资本和创新性的组织支持模式。REDF、新学校风险基金（New Schools Venture Fund）、社会投资伙伴（Social Venture Partners）、新收益（New Profit）等在美国用数百万美元资助非营利社会企业，然而，阿育王、斯科尔基金会（Skoll Foundation）以及其他一些机构，把这种支持活动推广到全球。以盈利为主要目的的投资者开始投资以财务承诺、社会潜力和环境价值的创造为基础的商业企业。天使投资者互相依靠，并最终形成影响力投资领域内的天使投资网络，如投资者圈（Investor’s Circle）。

渐渐地，这些社会企业家和早期的投资者开始创造出一个摆脱旧规则约束的新世界，而在旧规则约束下，社会企业盈利和解决社会问题这二者被分裂开来。到 21 世纪的前几年，在投资者竞相投资的商业新模式中，社会企业已经成为重要的概念，它们成为解决社会问题的新路径，对社会企业家们来说，他们扮演的角色就像“热线1298”的创立者一样，带有很强的社会目标，并且能积极主动地采用不同方法来实现该目标。

影响力投资如何利用社会企业促进综合价值的创造

最近几年，对社会企业的投资兴趣激增，企业主和非营利性组织的领导者把他们自己归入社会企业家一类，并以此为豪。但是，正如杰德十年前在综合价值主张的最初阐述中所写的那样，所有企业都能创造出综合的社会和财务结果，既有积极的成分，也有消极的成分。社会企业只是以更加协调一致的步调组织自身周围的社会价值创造。

社会企业如何创造综合价值

社会企业如何创造综合价值，这一看似简单的问题，为我们理解社会企业和影响力投资者如何推动自身发展，提供了强有力的理论框架。

创造需要津贴补助公共物品的外部性

一些社会企业为社会创造了巨大的价值，其方式不允许企业从这项活动中获得经济利益。例如，领导妇女平等运动的组织为社会创造了价值和财务收入，但是它可能无法找到从中获益的方法。在这个例子中，财务回报就是经济学家通常所说的公共物品的外部性。这些是传统的非营利性组织，需要捐赠者的资助。

内化创造价值，接受商业投资

其他的社会企业创造了某种商业模式，可以使它们从创造的社会价值中受益。它们可能是出售基本生活必需品，如纯净水，或者提供必需的服务，如电力，他们所定的价格，可以改善客户福利但有适当的利润。他们可能会从之前孤立的农村供应商那里采购产品，创造一个成本更低、流失率更低的供应链，从而改善其长期盈利能力。这些企业可以利用营利性投资促进自身的发展。传统营利性企业可以构建自己的供应链管理，并开展其他运营，直接创造社会和经济价值。

从官方补助中受益

当然，市场并不总是奖励那些解决社会问题的公司。节能灯泡生产商不能仅仅因为其产品对地球环境的污染更少，就向客户多收费。然而，许多企业可以利用越来越多的直接或间接补助。最明显的补助形式来自政府，政府减免帮助解决社会问题的公司的税收，或者提供其他一些奖励。这些补助可以让社会企业提升地位，产生足够多的利润，以吸引投资资本。

从非官方补助中受益

除了官方补助，消费者和雇员也能改变投资者的经济前景。公平交易中的消费者愿意支付一些额外费用，用于奖励从事公平交易的企业，因为它工资高、对环境更负责。一些消费者对价格很敏感，有时企业难以长期可持续发展下去，在这种领域，高级管理者愿意领取低于市场的工资，也能使一些企业获得成功。官方和非官方补助推动社会企业从需要慈善支持，上升到接受投资资本。

创造混合资本结构

在依靠慈善支持的社会企业及其姊妹企业之间做投资，收获可观的综合价值，能够内化财务回报，以保证用市场利率进行投资。这些社会企业能够以财务回报的形式内化其创造的部分价值，但是，只依靠投资资金，它们无法启动并扩大这种综合价值的创造。可以实现的路径有以下两种。

第一，把补助和投资同时结合起来。一些社会企业盈利充足，可以给其投资者提供一些回报，但并不是所有人都可以得到回报。在有些地方，不同投资者可以接受不同的综合价值方式，在这些区域，社会企业可以建立综合金融结构。在印度，纳安迪基金会（Naandi Foundation）以收费的方式给一些农村居民提供干净水，这些费用用于支付经营和维修由政府免费建立的基础生活设施系统。一些商业模式能够产生收益，但是没有政府补助，不足以维持下去。REDF 旗下的许多公司接受补助，它们用这些补助提供比一般市场环境中更好的员工培训和工作待遇。同样，草根资本募集补助金和低息贷款，帮助其向穷人提供贷款，并教会他们怎样处理手头的贷款。“热线 1298”呼叫救护车业务，能够使混合资本结构更加多样化。它把各项补助和来自救护车协会和医院的建议结合起来，并从智者基金那里得到特许资金，赢得政府采购合同，还得到一家名副其实的主要提供商业化急救服务的综合价值公司的投资。

第二，把补助金和投资先后综合起来。通常情况下，一笔拨款的首要任务是证明新商业模式的生存能力，或者是使社会企业家能调整商业经营路径，直到能够证明自己的商业模式是可行的。例如，许多小额信贷机构作为营利性银行在市场上存在，它们把自己发展的根基深深埋藏在补助金的支持上。例如，印度的小额信贷公司 SKS、肯尼亚的公平银行（Equity Bank）和墨西哥的康帕多银行。同样，正如我们在第二章所提到的，英国政府的一笔补助金能使手机公司巨头沃达丰开发 M-Pesa——使用手机确认手机网络平台上的转账业务的产品。沃达丰后来继续把 M-Pesa 变成商业产品，到 2010 年，M-Pesa 所带来的企业价值大约为 1 500 万美元（为许多国家的经济发展做出了巨大贡献）。

当然，这些创造企业综合价值的路径不是静止不变的。社会企业商业模式的融资需求在资本频谱内持续波动。综合性方法在经济实力比较薄弱的地方难以适用。草根资本同时强调了成长机遇和综合模式的复杂性。有些投资者首先寻求的是社会影响，更多的投资者主要寻求财务回报，该商业模式把他们聚合到一起，管理这样的综合风险资本会同时给投资者和企业家带来挑战。

影响力投资者最有前景的社会企业

围绕“企业如何创造综合价值”这一问题，总结我们对社会企业的认知，能够帮助我们理解这些企业如何在三种资金的支持下成长：慈善基金、商业性投资和混合结构。我们也开始了解到哪些路径对投资者来说是最有效的：

- 那些为穷人社区提供可支付得起的、原先无法从商业企业获得的基本生活用品和服务的社会企业。关注贫穷国家社会企业的运营，这是小额信贷实现的基本承诺，现已运用到其他许多社会企业身上，从出售干净水[如西非的沃特克（Voltic）]到太阳能灯具[如 D. 照明（D. Light）]和穷人能负担得起的住宅信贷（如印度的 MFHC）。通常情况下，这些企业会采用一种应用广、成本低的商业经营模式。
- 那些组织供应链，使贫困生产者能够从贸易中受益的社会企业。这些社会企业，如草根资本、法布印度（FabIndia）和非凡巧克力（Divine Chocolate），参与了全球市场交易，并为当地消费服务提供更加公平的供应链。去掉中间人或者销售到高端市场（或同时采取过上述措施），增加初级生产商（通常是贫穷的农民和工匠）的收入，保证售后利润能为投资者带来财务收入，这些商业模式得以创造充足的经济盈余，并产出综合价值。
- 那些为政府和非营利性组织配送公共物品，并提供支持性工作的社会企业。即使是在政府和捐赠者为其提供社会服务并全面负责的领域里，社会企业也能抓住一切可盈利的机会参与其中。配送（由捐赠者和政府负责）从服务和生产中分离出来的地方，就存在着很多这样的机会。然而，抗疟疾蚊帐的配送，越来越成为一项由捐赠者推动的活动，坦桑尼亚的 A to Z Bednets 通过接受影响力投资资金来扩大蚊帐生产能力，其生产的蚊帐主要销售给捐赠机构。这种方法在发达国家同样具有巨大潜力，在这些国家中，社会企业家正在构建组织，为诸如学校和医院等公共服务提供培训和标准监控等服务。

影响力投资者向社会企业学习什么

如果你是一位影响力投资者，需要将可以吸引投资资本的社会企业和那些可以用捐款和补贴支持的企业分别看待。如果你是社会企业家，你需要明确哪种类型的资金最适合当前的经营状况。你可能感到很惊讶，因为很多投资者和企业家都分不清这两者的区别，用这样的思维方式，他们可能把该领域搞得一团糟。投资资金的诱惑驱使一些运转良好的非营利性组织进行贷款，但是这些贷款是其商业模式所无法支持的。这会给依靠它们提供的服务生活的群众带来可怕的结果。

有效投资需要什么

在适当的时间、适当的社会企业中，影响力投资能够产生巨大力量。影响力投资者正努力提高投资技能，想方设法避免金融秩序混乱带来的冲击，以及使命偏离的漩涡。他们正在设法充分利用混合资本结构来满足社会企业的早期投资需求。他们从更现实的层面出发，关注自身产生的利润，并且更有效地衡量这些利润。他们的经验有助于详细了解具有综合价值的影响力投资新领域。

充分利用混合资本结构

尽管为祝贺成功的投资者做了大肆宣传，但是许多社会企业还是不能完全依赖商业投资。社会企业的商业模式难以达到完美，经常需要很长时间和耐心加以调整。它们有时需要专业技能和昂贵的支持性服务。考虑到这些限制条件，许多社会企业需要大量财政补助或非常优惠的投资，来磨合其商业模式，并决定哪些部分可能需要投资援助。草根资本的创始人威利·富特的经验，很典型地说明了投资资金和补助资金两者之间复杂的相互影响关系。在草根资本的个例中，为农民群体提供大量的培训需要补助，而为这些群体中最成功的人提供营运资本却不需要补助。

社会企业中成功的影响力投资者知道，如何组织自己的投资结构并为一系列的创业者提供资本。他们通常会安排来自政府计划的贷款担保、政府资助开发性金融机构的特许投资资金以及基金会的拨款。他们还帮助投资对象与政府、战略投资者和其他资本来源方协商并签订合同。提供急救车服务的“热线1298”得到了英国同业公会、美国的医院捐赠智者基金的优惠投资和战略性支持、大量的政府采购合同和商业投资。这种复杂的资金结构非常具有代表性。

为了使复杂的资金结构发挥作用，影响力投资者需要积极有效地与捐赠者和政府合作。但是这些补助的提供者通常只关注公共物品和社会效应的最大化，没有认识到(甚至怀疑)企业能够创造的利润。许多影响力投资者低估了这种支持的重要性，并驳斥了捐赠者必须确保企业最大限度地提高其可产生的社会价值的合理要求。

捐赠者和投资者之间经常会有的一个具体冲突就是如何处理专有信息。通常情况下，捐赠者想尽快地把企业创造的智力成果(如最佳实践、挑战和流程创新)投放到公共领域。由于关注社会影响力，他们想要建立一座桥梁，使其他的社会企业家更多地复制自己所采用的商业模式。相反，许多私人投资者为了最大化自身利益，会制造一些障碍来阻止其他社会企业家采取新的商业模式或技术。以上两种方法无论是哪一种，都没有实现综合价值的最大化。相反，影响力投资者需要寻找新的方法，整合那些需要复制其模式的迫切需求，将社会影响力最大化与需要产生利润和实现投资退出的模式相结合。

与早期社会企业和分段投资和谐共处

除了几个明显的例外，很多社会企业往往规模都很小，而且相对复杂。影响力投资者几乎不投资已有的商业模式，通常情况下，是资助新创企业。这一投资现象持续时间很长，尤其是在新兴市场。2009～2010年，研究印度和非洲的摩立特集团(Monitor Group)发现，通常情况下，影响力投资者的平均投资规模低于200万美元。

社会企业在扩大规模之前，往往要花很多年时间调整商业模式，并且走出战略死角。他们的投资者必须具备风险投资的心理素质，承认被投资者需要试验他们的商业模式。结构化阶段性投资在许多经营案例中变得越来越重要，因为即使是投资机遇中很小的一部分，它也关乎风险管理。

尽管很多社会企业往往规模小并且处于早期阶段，但是相对复杂。早期投资者通常支持投资对象实施基本流程和系统。社会企业中的影响力投资者更需要贯彻这项工作。他们可能还必须支持投资对象组织端到端的价值链，因为很多社会企业所运营的区域，缺乏业务开展的支持系统。这一工作经常还需要除初始投资之外的援助，以开发并调整已经定型的商业模式，建立基金会来援助核心投资对象或者组成伙伴关系，以弥补小型社会企业相互之间的差距。就像摩立特集团的迈克·库布赞斯基(Mike Kubzansky)指出的，在那些社会企业家经营的地方，特别是在给穷人提供物品和服务的行业中，比如，如果你想成为谷歌那样的全球性公司，就必须先自己建立网络。

现实面对财务回报

当然，就像在传统投资和慈善业当中一样，许多影响力投资者也并未获得成功。企业失败，影响力投资者损失了钱财，商业模式运营也没有达到预先设定的目标。然而，存在诸多不现实的预期。在社会企业有所成就之前，人们给予它们大量的赞美和荣耀，导致这种“过早庆祝”式的做法，正是社会企业家面临的“瓶颈”。很少有人注意到，这些企业常常无法达到预期。等到结果出来的时候，我们又关注下一个重大事件去了。投资者在社会企业领域轻松获得财务回报的前景是令人失望的。在社会企业领域内做影响力投资很困难，投资者必须抱着一种现实的态度，看待他们所期待的财务回报和实现财务回报的情况。

衡量综合价值

特别是当社会企业接受来自影响力投资、政府拨款和补助组成的混合资本结构时，衡量综合价值成为解决重要战略问题的关键：

● 影响力投资者怎样才愿意发放低于市场利率的贷款，草根资本如何知道其能够创造足够的社会价值，来抵消影响力投资者在一个更有利可图的投资项目所花费的机会成本？

● 当一家社会企业为纯商业实体提供服务(如提供急救车服务的“热线 1298”通过把病人送入私人医院的方式)时，投资者怎样才能知道投资产生了社会效益，而不仅仅是补助企业利润？

● 影响力投资者抑制了一个社会企业纯粹利用政府补助实现发明创造和扩大规模的现象，那么，什么时候回报他们才恰当呢？

对很多投资者来讲，对这些问题的回答是之前未曾涉足的领域。很多同行不愿意进行严格的衡量，因为他们担心这可能会提升业已高昂的交易成本。但是，投资者需要寻求信息来解答这些问题。我们也要学会分享它。孤立地回答这些问题不仅没有效率，而且最终也难以令人感到满意，因为它缺少必要的基准和标准，让投资者相信投资对象的潜力。全球影响力投资网络影响力报告和投资标准(Global Impact Investing Network's Impact Reporting and Investment Standards,IRIS)，以及国际SROI网络(SROI Network)等一些项目，正在组织起来回应测量挑战。

然而，就像我们将在第八章讨论的内容，投资者不应该认为，必要的影响力和社会报道系统会出现在社会企业部门。我们也不能假定，社会企业在测量基础设施上面的投资相互独立。如果投资者打算重视创造社会和环境的双重效益，那么，我们也必须重视在企业内建立有意义的信息系统所面临的挑战。

培养社会企业的影响力投资需要什么?

希望看到社会企业领域蓬勃发展的影响力投资者，不仅仅只是做交易，而且还会产生既得利益。我们必须致力于建立联系更加紧密的市场。与其坐等良好的商业策划自己来到我们的企业，还不如鼓励开办社会企业，推动它们的最初发展，即使它们还不足以成为投资对象。为了使基金管理者开发出独特的专业技能，影响力投资者也要看清形势，像独立的牛仔一样，发挥个人作用，而不要做出一些错误的投资。最后，我们要找到投资的新渠道，认识并协调社会企业之间的独特个性。

培养路径

由于社会企业行业蓬勃发展，媒体专注于发掘成功案例，因此，少数易于投资的社会企业一般都是众所周知的，但是，交易量并未跟上针对这些企业的影响力投资者激增的步伐。结果，影响力投资者经常发现，他们在共同角逐同一笔交易。然而，最终协商把这一问题推给投资对象，这对主要投资者来说是非理性的，因为对影响力投资者来说，它从根本上把问题复杂化了。对于许多影响力投资者而言，简单地做一项能产生体面回报和社会影响力的投资是不够的。按照(在第二章讨论过的)资金增益原则，除个别情况外，一般情况下，我们都希望能够通过促进商业发展的方式，使自己的资金能产生一定的影响。

如果我们的资本出现剩余，就需要扩大渠道，以便于我们不要追逐能够以其他方式融资的交易。谁会播种和培育可供未来投资的新创公司呢？投资者需要在启动指导计划、商业计划竞赛和联合种子期资助池方面的基础，构建早期合作的案例。我们也要利用与捐赠者和政府的关系，把补助和捐款更加充分地结合在一起。

从孤立的牛仔到合作者

这时候，有效的社会企业投资需要专业化，因为投资机会的细微差别通常源自特定的市场、特定的区域和特定的行业。由于文化多样性和语言存在差异，因此相同的经营模式，应用在印度城市边缘某个地区和应用在印度整个国家的效果是不一样的，更不用说是在撒哈拉以南的非洲或者美国了。但是，如果交易量过小，商业模式过于复杂,对单个投资者来说,实现社会企业投资专业化就会非常困难。

利用基金会集合资金可以实现专业化,但是,许多社会企业投资者想要自己直接投资。他们是社会企业家成功故事的主角,寻求与投资对象直接联系的刺激。然而,如果他们想帮助社会企业挖掘自身潜力,那么这些投资牛仔至少要放弃一部分特立独行的热情。

在很多领域内,几乎没有影响力投资者足以成为该领域的专家,因此,如果他们希望进行跨区域或跨部门投资,就需要与其他志同道合的投资者进行协作。其中一个合作的方法是参与投资基金。投资者可以将其资金交给一大群基金管理者,后者在某个特定区域内采用单个投资者无法使用的专业知识进行投资。基金还未建立起来的时候,投资者首先需要获悉一个地方的投资详情,就像索罗斯经济开发基金、奥米迪亚网络公司和谷歌公司那样,针对印度的社会企业建立了公关基金。官方或非官方投资俱乐部在分享信息和交易流程的过程中,也能产生集体专业技能。非营利金融服务公司如 ImpactAssets 成为新兴的投资中介机构,可以引入多种管理投资基金和其他一些能够聚合投资者的投资工具。

投资模式的进化

与主流商业相比,社会企业一般需要更长的时间来扩大规模,需要推升交易成本的小额投资,而且可以在大范围内使用未经测验过的商业模式,这些商业模式的应用需要除资金以外的大量支持。另外,还有建立追踪和评估综合价值收益的复杂系统。把所有这些组合在一起是有道理的,社会企业的不同领域需要不同的投资模式。

遗憾的是,早期的社会企业投资基金已经被迫采用主流投资模式。一只典型的私募股权封闭式基金,七年后分配全部利润,并且管理团队每年提取 2%的管理费用。这种基金结构迫使投资发展缓慢的社会企业的投资者在许多投资组合中的企业腾飞前清算基金。依赖标准管理费也限制了基金管理者找到能够覆盖诸多的小型交易执行成本和给投资对象提供额外服务的能力。

通过开发创新型投资模式,一些社会企业的影响力投资者能够摆脱运营模式单一的缺陷。某些社会企业重新配置传统的基金管理模式,把它们的基金寿命延长到十年,甚至更久,或者把它们的封闭式基金转换成永久控股公司。他们还筹集了大量的捐助资金以补充管理费用,以便培养自己的渠道,并支持他们的投资对象。

其他一些人干脆抛弃了整套资金运转模式,创建全新的方法来识别、审核和构建投资交易。乡村资本(Village Capital)是小额信贷行业中的开拓者灰色幽灵风险投资公司一个独创的思想产物,正致力于把小额信贷中的团体贷款规则运用到社会企业的风险资本上去。与聘用基金管理者挑选并考察投资对象的方式相反,该项目把投资资金交给社会企业家群体,由后者决定哪一种商业模式最值得投入相应资金。这种方法大大降低了早期投资的成本,同时也创造了一个支持社会企业的对等网络系统。乡村资本创立精神的进一步创新,对创建独特的投资模式,应对投资社会企业所面临的独特挑战是必要的。

庆祝“混乱”的存在

19世纪中期，当弗洛伦斯·南丁格尔(Florence Nightingale，被阿育王基金会奉为早期社会企业家的榜样)打算在伦敦建立第一所现代护理学校的时候，决定如何为她的社会企业找到财务支持相对来说比较简单：她在有限的资金来源处(家庭、朋友、教堂和州政府)办起慈善奉献会，通过这种渠道得到赞助。21世纪早期，当旧金山小额信贷行业中网上端对端借贷服务的开创者马特·弗兰纳(Matt Flannery)和杰西卡·杰克利(Jessica Jackley)打算建立kiva.org时，则面临着一种“混乱”，用马特的话来说：一群令人眼花缭乱的潜在捐赠者、影响力投资者和商业风险资本家，以及为采用非营利或营利性企业合作形式的组织提供建议的律师。[2]

他们应该做什么？

近年来，他们一直在争论，成为一个自身任务驱动下的营利性商业机构还是一个采用引人注目的商业发展模式的非营利机构，这两种运营方式，哪种才是对的。其实并没有简单的能创造综合价值的正确道路。在我们对哪种方法最有效的模糊理解上强加一个标准判断，没有什么帮助。赠款和投资的拥护者与营利或非营利性组织形式，在二者之间的问题都不能道德化，或者自以为是。这场争论不为我们任何一个人服务。投资类型的好坏或合理性，必须回归到具体的语境下。在每一个案例中，基于各种因素得出的答案也千差万别。最终，从综合经济、社会和环境的标准考虑，我们会对每个企业的成功和投资做出评价，考察它们如何最大限度地优化其价值潜力。

一些社会问题必须通过捐赠和政府补助来解决。我们无法想象这样一个世界：我们要求所有人，无论其财务状况如何，都要购买疫苗接种、HIV/AIDS预防和咨询、家庭虐待支持或其他关键服务。这些都是公共物品，获取它们不是由客户个人的支付能力决定的。

然而，实际情况是，在某些情况下适合的补助，无法成为拒绝其他情况下投资重要性和合法性的理由。反对任何社会企业中以利润为导向的投资的争论，现在已变得过时并且无关紧要。今天这个时代，非政府企业已变成了大企业，承诺为国内项目和国际发展工作提供数十亿美元的资金援助。

营利性的、非营利性的，或者混合型的社会企业数量不断增多，承诺要创造长期持续有效的路径，解决同样持续时间长的挑战，包括贫穷、不平等和环境恶化。在这些企业中，影响力投资将成为其资本结构中一个必要的组成部分，因为它可以让最好的社会企业不断扩大规模。这个问题不是哪一种经营模式“正确”的问题(道德问题)，而是哪一种经营模式能最大限度地提高利益相关者和投资者的社会影响力和财务回报的问题(影响力问题)。

进入“混乱”状态是企业家勇气和影响力投资智慧的强有力结合，这种结合使得社会企业更快、更多地创造综合价值成为可能。尽管这一工作复杂又充满挑战性,投资先驱锤炼着自己的洞察力,吸取前人教训,不断开发新的路径,使社会企业中的投资逐渐成为影响力投资行业中的重要组成部分,也为正寻找兼具社会影响力和财务绩效的社会企业的投资者提供新的选择。

我们已经看到,在投资支持的社会企业内,影响力投资不断增多,小额信贷发展成为一个服务于1亿贫穷客户的行业,依靠发展实践,影响力投资也获得更广泛的应用。但是,下一个突破什么时候才会到来?尽管我们不能预测未来,但这项挑战却可以磨炼我们关注细节的能力。下一章会提供一个分析框架,用于识别影响力投资者的机会,以及他们最有可能抓住的领域。

草根资本:引领社会企业融资中越来越复杂的领域
威利·富特:草根资本的创立者、
首席执行官,坎布里奇,美国马萨诸塞州

20世纪90年代后期,我在墨西哥一个新闻团队工作了两年时间,跟踪报道1994年比索危机后全球化的影响和该国经济的崩溃。然而,走过一些农村时,我发现大量为代替刀耕火种农业耕作方式和非法砍伐而创造的商业机会,但是没有信贷,它们无法发展起来。与我前几年在华尔街银行工作的经验比起来,资本市场的这一差距让人震惊:成千上万的小企业被投资者和捐赠者忽略了,仅仅因为它们地理位置偏僻,没有传统意义上的抵押品以及对风险的错误认知,然而它们迫切需要大量资金补助。

团队解散的时候,妻子和我开着卡车从墨西哥南部来到波士顿,计划就读哈佛商学院。在体验了数百个小型家庭式农庄后,我坚信一定会有一种办法补救信贷市场的失灵。这些企业能提供一些在北美和欧洲需求量很大的产品,但是,它们无法得到贷款来支付生产成本。如果信贷能在这些农村地区普及,我敢肯定,这些经商的人,以及他们的农场主和工匠供应商,还有他们的家庭成员都会无比高兴。

天使和祈祷者的幻想到此为止,但是,我却推迟了入学时间,得到一笔初始捐款,试图弥补市场存在的不足。草根资本产生之初是作为非营利社会企业,致力于消灭小型和发展中企业存在的资金缺口,就像我在墨西哥见到的那些企业一样,它们可以创造大量的就业机会,改变贫穷农村和环境恶劣之处群体的生活状况。

1999～2004年,草根资本通过募集两种资金逐渐扩大:发放给农村小型和发展中企业的特许贷款和支付管理费用申请补助,并通过应急储备金建立资产负债表。早些年,向海外非营利机构发放低于市场回报的“贷款”且还款时间超过正常水平的理念是非常新颖的。

宗教机构、社会责任投资基金、正在试验项目投资的基金会和一些首次享受这种借贷服务的个体走在了一起。其他一些,特别是更加传统的家族基金会和个体慈善家,把慈善与投资完全分离开来,并对综合这两者持很大的怀疑态度。到2004年,草根资本从43个投资者手里以债务的形式募集了790万美元,那一年,我们发放了45笔贷款,包括在撒哈拉以南非洲的第一笔贷款。

2004年之前,我们大多数投资数额在2.5万～12.5万美元,年收益率为

2.66%。2004年，星巴克咖啡公司第一次给我们基金提供超过100万美元的投资。最初我们得到星巴克250万美元投资；后来，它的投资慢慢增长到900万美元。尽管星巴克在2004年也成立了一个活跃的基金会，但它是专门负责捐款的。在草根资本的投资与星巴克内部商业运作相互独立，因为这些投资资金脱离了其资产负债表，是为了维持供应链稳定的目标，也为了更好地践行传统的企业社会责任。

随着草根资本从2005年的1 200万美元贷款支出到2010年的8 000万美元，影响力投资行业不断进化，大投资家引领着投资者们关注投资对象组织的长期稳定发展。然而，2004年，超过100万美元的大笔投资占贷出资金的32%，2010年占到70%。将涉足这一新兴领域的影响力投资者阶层的资金，同像星巴克和美国政府支持的海外私人投资公司这些企业的资金综合起来，再加上一些个人和基金会的补助，草根资本募集到的资金能够给4.5万个小生产商提供超过2.56亿美元贷款，并为他们提供额外的培训服务。

然而，大多数早期投资者还持保留意见。在募集新旧贷款的方法上，我们经历了一场全方位变革。现在要计算我们对低于市场收益的投资和资金补助的需求很容易。随着传统捐赠者进入影响力投资领域，我们看到了更大规模投资，越来越多的投资者愿意把草根资本作为一个组织，为其提供经营资金援助，越来越少的人坚持强调应该把投资活动限制在一个狭窄的范围内。这种方法模仿了营利性公司的股本投资方式——为建立组织，必须投资资产清单上面的净资产，贷款损失准备金以及提高我们的贷款管理水平和信息科技系统，使我们能在没有捐赠者的过多干预下，积极回应对我们服务的需求。

随着草根资本的发展，我们用贷款利息和借贷业务中产生的费用，覆盖不断增长的部分直接成本(2010年是72%，2013年目标是100%)。直到我们的经营达到一个阈值，实现收支平衡，我们才能指望，影响力投资者能把其债务资金和补助支持结合起来，以补充我们的营业差额，填补资产负债表。通过以上这种方式，我们能维持一个保守的债务—股权比例，为高风险资产类别的发展建立一个稳固的基金会。

第五章 影响力投资走向何方

影响力投资一直在世界各个行业产生综合价值，有时长达几十年：

● 柬埔寨小企业信贷是数十亿美元小额信贷行业的一部分。

● 在美国，城市居民的保障性住房，是用专用财务资金支持低收入住宅开发商建造的。

● 在欧洲，绿色企业正在寻找热忱的投资者。

● 在肯尼亚，医院正在用从发展性融资机构得到的私募股本投资扩大业务。

上述情况所产生的原因是，影响力投资者已经在这些子行业中形成了一个投资生态系统。很明显，接下来的问题是：在未来 5～10 年，我们将讲述哪些类似的故事？本书下一版将在什么时间出版？我们将要增加哪些章节内容？

坦白地说，我们无法准确地预测下一次影响力投资将从哪里开始。意料之外的成功和看似莫名其妙的失败，已经尽可能详细地描述了它们在过去几年中的主流特性。无论我们预测接下来要关注哪些子行业，当我们看到该名单里漏掉的行业时，都很有可能在回顾过往预测时感到羞怯。我们能够提供一个大概的框架，以便你可以自己决定，哪些领域对于影响力投资是(或不是)成熟的。

从根本上来说，影响力投资仅仅会在同时具备以下条件的行业发生：

● 解决基本的社会问题，需要大量的资金，且仅仅依靠捐赠者和政府无法满足。

● 正在形成可盈利和可扩展的商业模式，能够偿还贷款或投资(而不需要慈善机构)。

● 商业模式处于发展的早期阶段，这时它们太分散，规模太小以至于无法吸引到主流投资者的注意力。

● 政府和社会支持允许私营企业在市场运营的想法。

为贫困的消费者提供基本服务，逐渐认识到位于金字塔底端的机会，是探索未来影响力投资活动的命脉。但是影响力投资不仅仅局限于解决在贫穷国家的基本贫困问题。在发展中国家，倒退的社会安全网，为影响力投资者的介入和增强提供了运作空间。

在本章我们探讨的部门中，即使只有几个在接下来的若干年里发生了，它们也为改善了数百万人的生活和巩固影响力投资行业的综合价值，提供了极大的潜力。

影响力投资机遇

在某些方面，现在的影响力投资团体有一点美国西部早期的感觉：有传言称这里可以发掘财富，而很多人在寻找下一个大黄金时代。探索影响力投资将会繁荣的新领域，是相对简单的任务：

1. 从社会挑战中筛选出那些政府和慈善事业不能独自解决的，也就是说，那些需要一个基于市场解决方案的挑战。

2. 潜在的解决方案中筛选出一些可行的，并且可以对投资者产生财务回报的市场方案。

3. 抛弃那些主流投资者支持的商业模式。

剩下的就是将来影响力投资的子行业。

基于市场解决方案的社会需要

热爱影响力投资，你不必无条件地崇拜传统资本主义。但是，你需要接受的是，这里的一些社会挑战，还有很多领域，政府及慈善机构联合起来都不能胜任。当你去探究政府无法独自解决的问题时，“失败的国家”是一个明显的起点。居住在刚果东部的人们，已经依赖私人企业提供几乎所有的基本供应品保障，从医疗保健到教育事业再到电力供应。但是，即使在相对完善的国家，政府服务也总会忽略某些群体。并且在这个普遍存在资源约束的时代，这些被忽视的地区越来越多。甚至相对繁荣的政府，也在摆脱自己提供基本社会保障服务的角色。例如当英国政府实施全面削减服务时，为影响力投资者支持私营企业提供基本服务打开了大门。

在你详细调查了世界各国失败或倒退的证据之后，把那些对于国家和慈善家独自承担代价过大的方案，加入你的清单。一般的规律是，如果你所谈论的解决方案需要数万亿美元，那么私人投资者需要参与到谈判中。这就是为什么所有针对气候变化的具体建议都包括私营部门激励措施，即使在经济景气的时期，也没有哪个政府可以承担得起将能源经济转换成可再生资源的费用。类似的情况是，为世界 10 亿贫民窟居民建造体面的住房，是任何政府都不可能单独承担的资本密集型项目。

然而，政府失灵是一个变动的目标，并且国家正在努力地满足某些需要时，会让你处在一个尴尬的位置。这就是 2010 年在印度安德拉邦，也就是印度的商业小额信贷繁荣中心，发生在小额信贷供应商身上的事情。当政府用于为贫困社区提供信贷的 200 亿美元计划停滞时，小额信贷机构成为一个容易想到的目标。随后政府出台的对小额信贷业务的限制，以及政客们提出的客户不用偿还贷款的广泛要求，使得印度的小额信贷行业中心的发展举步维艰。既然政府与小额信贷体系之间的均衡已经逐步降级，它们关系破裂一直是困扰那里的影响力投资者的难题。如果政府没有试图解决在这些群体中的信贷问题，那么小额信贷行业可能在很长一段时间倾向于独立运作。

基于市场可行的解决方案

关于政府和慈善机构不能独立解决的问题和领域有很多。但是，一些项目根本不能为投资者产生财务回报。例如，家庭暴力问题是大到足以列入清单，但不能用于任何我们能想到的、基于市场的解决方案。

正如我们在前面社会企业章节所看到的，影响力投资者正在为社会企业寻找新路径，以解决更多的其他问题。某些情况下，他们生产客户负担得起的商品或服务。在其他情况下，他们给供应商或员工提供更好的收入。

弄清楚如何在创造利润和社会效益的企业中创造综合价值听起来似乎很容易。但在实践中，仍有大量工作需要去做，从而完善和重新定义可以为这些客户提供规模化可持续服务的商业模式。毕竟，在现代小额信贷商业模式形成之前，已经经历了 30 多年的实验与失败。那些与捐助者和资助资金建立了成熟合作关系的影响力投资者，将在识别、支持和扩展未来业务模式中，扮演重要的角色。

排除主流投资者将会支持的交易

我们从生成的问题清单开始，其中的问题需要投资者的帮助才能解决，然后删除那些无法使支持该方案的投资者获得回报的商业模式。剩下的依然是一份激动人心的机会清单，但是，我们仍然需要删除那些主流投资者会毫不考虑社会影响而去捕捉的机会。这听起来似乎有大的局限性。对于那些想知道我们为什么不利用最有利可图机会的人而言，我们会说："做简单的事情有什么乐趣可言！"这并不是说我们阻止人们向主流市场已经占据了的领域投资，只是影响力投资是太珍贵的资源，不能花在我们所不需要的交易上。这并不是说，影响力投资者无法追求具有巨额财务回报的机会；我们只是想遵循额外原则，从而坚持专注于我们可以创造最大差异的领域。

把这个原则付诸实践是非常复杂的。主流投资者往往追随影响力投资者的脚步。现在的商业机会仍然需要影响力投资。典型的主流投资者倾向于将注意力集中在整体机会上的一小部分上。主流风险投资公司红杉资本，已经向印度最商业化的小额信贷机构投资的事实，为那些想要投资于那里的其他公司或者其他地方的小额信贷的影响力投资者，提供了大量的机会。

抓住这些机遇需要采取什么措施

开发这些前沿子行业的影响力投资者，将受益于由其建立的、在较为成熟的子行业运营的后台系统。资产管理公司、捐助者和政府对影响力投资的兴趣越来越大，这为下一代的创新者提供了实质性的顺利环境。此外，早期的影响力投资开拓者创建的生态系统——在商业模式、投资结构、投资银行功能、投资银行业务能力、政策上的思考和研究——应该都会使这些新兴的子行业得到更迅速的发展。

尽管有这样的希望，但仍然存在诸多挑战，主要有以下三点：

- 出现关于私人提供公共物品的担忧——道德问题。
- 需要弥合部门鸿沟——战略问题。
- 需要补充政府服务——限制因素。

捍卫市场化解决方案的道德正当性

世界各地对私营部门解决社会挑战的重大耻辱感依然存在。在2010年年底，这种道德问题引发了印度公众对商业小额信贷的愤怒。面对这种道德耻辱，我们并不感到惊讶，影响力投资至今蓬勃发展的领域，如融资渠道和可持续性，是非常重要的，但都没有被公认为基本人权。通过我们的筛选得到的许多令人兴奋的机会，将使我们更接近这些核心问题。如果您认为对于小额贷款公司首次公开发行的全球谴责已经很苛刻，那么就等住房、水、教育或医疗保健业领域的公司上市吧。

那些希望社会给影响力投资者提供卷起袖子来处理关键社会挑战的人，需要就为什么我们是好人这一观点提供更强有力的证据。我们需要拓宽公众对政府和市场的了解，为何那么多人失败，而企业是如何在背后支持而不是利用客户的。我们还需要确保自己是好人，通过更小心地应用行业基准和影响力绩效性能指标，区分出真正的影响力投资者和冒名顶替者。

弥合部门间的鸿沟

一些最有趣的影响力投资创新来源于投资者、企业家和社会部门领导人之间的创新伙伴关系。弥合长期以来投资者和社会组织之间的鸿沟并非易事。例如，为贫民窟的居民集资建房，需要投资者与贫民窟居民协会合作。这些群体之间的早期互动，充满了误解和相互猜疑。你大概可以想象得到，当华尔街投资银行家们与生活在孟买的贫民窟或约翰内斯堡的激进活动家一起坐下来时，会发生什么情况。对许多社会机构而言，与私人投资者合作也会威胁到来自当前捐助者的支持，这些捐助者无法感受到，管理层对于与新一代以影响力为导向的投资者合作的兴奋之情。

影响力投资者需要面对的现实是，商业银行和主流投资者非常不情愿地进入这些市场。短期示范项目和贷款担保，无法像影响力投资者希望的那样，吸引主流投资者快速进入这些市场。有时，影响力投资者需要非同寻常的耐心，此时，我们背后支持创新的商业模式，需要克服主流投资者的怀疑或忽视。

与政府补充而非竞争

在许多领域，运作良好、统一提供、政府经营的服务，可能优于私营部门的解决方案。管道干净的自来水系统、电网电气化、高效的国家教育和卫生系统、大型公共房屋发展计划：所有这些最有可能为更贫穷的客户提供最终替代方案，其价格相比于影响力投资者在未来十年间支持的私人模式更加便宜。此外，提供公共资助性服务非常有必要，其为那些过于贫困而无法参与基于市场解决方案的人们提供了安全网。

与此同时，影响力投资者可以为数百万穷人提供一条功能强大的生命线，虽然今天这些穷人还活着，但可能等不到政府为他们服务的机会，或是等不到主流投资向为他们提供服务的企业提供资金的机会。这些投资者不是投资于“自由市场”或“福利国家”的意识形态，而是投资于能在穷人生活中产生有意义的、持续影响的服务和产品。

但是，当我们去支持企业时，影响力投资者不能忽视这样一个事实，即影响力投资是我们志在解决社会问题的手段和方案。我们必须庆幸，政府负担得起的清洁水分配系统延伸到农村社区，即使这种扩展威胁到我们所支持的为村子里提供洁净水的社会企业。在这种情况下，可能会有更偏远的村民，可以利用私营部门解决方案。或者，企业可以通过创造增值服务来补充基本供水。一般来说，政府服务的改善应该促进创新，而不是导致怨恨或竞争。

欢迎来到未来：需要关注的子行业

我们提供以下清单中需要关注的子行业，但需要说明的是，关于清单，我们唯一知道的事情是，它可能是错误的。有鉴于此，我们所建议的这六个子行业，是通过影响力投资者快速审查得到的最有前途的行业：(1)医疗保健；(2)新兴市场的经济适用房；(3)教育；(4)农业；(5)分布式公用事业；(6)重组社会支出。

特别是在新兴市场中，其手机用户数量的快速攀升，是几十年来最深刻的社会和经济混乱的表象，在许多行业中，手机将作为交付平台使用。我们不将手机子行业作为一项特殊的影响力投资机会，因为主流商业投资已经利用了它所产生的机会。但影响力投资者已经在我们能覆盖的各领域，支持创业者使用移动平台提供服务。

医疗保健

新兴市场的医疗保健业符合影响力投资机会清单上显示出的所有特征：

- 据国际金融公司(IFC)估计，仅撒哈拉以南非洲地区在2010～2020年满足基本卫生保健需求就需要250亿～300亿美元的私人投资。到2016年，每年的私营医疗市场总额将增加1倍，达到350亿美元。[1]大多数非洲国家政府都不能独自填补这个资金缺口。亚洲和拉丁美洲的许多国家也面临类似无法填补的缺口。
- 大多数最贫穷的国家，大部分的贫困人口已经向私营部门提供者购买了医疗服务。相当数量的供应商没有取得注册资格，他们往往会利用人们的无知和绝望。但是，其中一些供应商是在开拓可以向越来越广泛的客户以实惠的价格提供像样服务的新商业模式。
- 虽然主流投资者开始投资新兴市场的医疗保健，但他们的目光很少关注城市中相对富裕的消费者之外的群体。

鉴于这一现实，影响力投资者正越来越多地支持创新企业家，去扩大和提高私人部门的医疗保健服务效率。并且，资本市场也用来提高国际捐助卫生系统对健康的影响。

开发性金融机构、私人基金会和非营利影响力投资者，正像他们做的那样，带头刺激投资创新。2009 年，国际金融公司、非洲开发银行、盖茨基金会、德国开发性金融机构 DEG，共同推出了非洲健康基金（Africa Health Fund），资助中小企业，这些企业的增长可以改善穷人的健康服务。欧瑞斯基金经理因投资于以相对较穷客户为目标的公司而获得财务回报。德意志银行（Deutsche Bank）与预防失明国际协会（International Association to Prevent Blindness）已经发行了 2 000 万美元的债券基金，投资在贫穷国家的眼科医院。非营利性组织智者基金也在印度的保健行业进行私募股权投资，正如埃哥亚（墨西哥）和竹基金的影响力投资一样。

除了直接投资公司和私募股权基金，影响力投资者正在主流资本市场进行融资创新，筹集资金用于公共医疗卫生服务。国际免疫融资机制（International Finance Facility for Immunization）是这种方法的领先者。自 2006 年以来，其已通过 3A 级债券由机构投资者购买了 30 多亿美元，期限 20 年。这笔钱将保证长期为全球疫苗免疫联盟（GAVI Alliance）扩大疫苗活动，以及在 72 个贫穷国家改善卫生系统，提供实时和可预测的现金流支持。这种前置性工具在公共卫生领域具有广泛的潜在应用，用于资助培训、实物基础设施扩建和改造，以及改进融资、管理和信息系统。

新兴市场的经济适用房

通过反复计算得出，2009 年是人类历史上城市人口超过农村人口的第一年。有超过 10 亿人生活在城市贫民窟，并且最基本的、体面的房子成本至少是几千美元，住房和卫生服务需要的投资大约数万亿美元。在未来 50 年中，人口泛滥将席卷非洲、南亚和东亚，超过数亿的人口涌入城市。单靠政府支出和捐助资金不足以满足这个迫切需要。然而，可以找到有办法构建一个像样的家而花费少于 5 000 美元的开发商，发行长期固定利率抵押贷款，解决法律所有权问题，将会创造数百万美元的利润并产生大量社会福利。

世界各地的投资者和开发商争相接受这项挑战。[2]印度尤其存在着大量的经济适用房开发和融资创新。[3]在墨西哥，影响力投资基金埃哥亚已经在这个国家最贫穷的地区之一西恰帕斯（Chiapas），构建了一项住房投资战略。国际非政府组织仁人家园（Habitat for Humanity）与联合国人居署（UN-Habitat，联合国的职能部门，负责监督城市问题）也通过提高影响力投资基金来支持经济适用房的开发。

而以独特的方式，具体的、局部动态地实现对保障性住房的投资，还需要解决三个几乎无处不在的挑战：

● 有限的土地所有权。在大多数新兴市场城市，凭个人地契建设住房是困难的或不可能的。正如著名的秘鲁经济学家赫尔南多・德索托（Hernando de Soto）在其《神秘的资本》（*Mystery of Capital*）一书中指出的那样，这种非正式性使项目开发以及金融和抵押贷款条款更加复杂化。[4]

● 分散的客户群。保障性住房是一个由数量而不是利润驱动的市场。成功的项目需要取得建设和融资的规模经济效应。然而，实现这种规模是困难的，代价是高昂的。贫民窟居民往往缺少正式聚集机制的组织，如工会、正规部门的雇主，或将有利于批发销售方式的零售银行。

● 政治压力。在许多城市，贫民窟靠近城市中心的优质房地产。考虑到这片土地的潜在价值，经济适用房必须与其他可能更有利可图的用途竞争。此外，在土地价格波动的地区，经济适用房开发商需要稳定土地征用成本。

对于这些可能会在未来十年内大幅扩展的、具有试点项目性质的挑战创新，影响力投资者正在为其寻找解决办法。随着许多国家和城市政府意识到，改善居住条件需要与私人开发商合作，土地所有权改革运动正蓄势待发。日益增长的贫民窟居民组织提供了一个日益强大的合作伙伴，有助于组织潜在客户，以提供更有效的服务。贫民窟居民国际组织（Slum Dwellers Internation）正在建立小额储蓄团体，并越来越多地与影响力投资者合作，以增加其成员新的建设贷款。受益于房地产投资的公司，如水泥、涂料公司，也开始支持为低收入住房开发创造有利可图的市场。

教育

在世界各地的贫穷国家，迅速增长的儿童人口和不断增加的教育需求，这两股力量正在淹没政府开办的学校系统。私营部门正在加紧填补这个缺口。据估计，即使有免费的公立学校，75%的贫穷国家的学生也在私立学校就读。从海得拉巴（Hyderabad）到内罗毕的贫民窟，家长愿意支付子女入读优质学校的费用。但是，融资渠道的缺乏使得很多学校无法提高自己的教学能力和质量。

作为回应，影响力投资者开发创新的办法，为这些学校的扩张提供资金。或许在这里，最激进的改革者是总部设在美国的灰色幽灵风险投资公司。小额信贷商业化的先驱灰色幽灵公司，已经将注意力转向有支付能力的私立学校部门。2009年，它推出了非银行金融公司——印度学校财务公司（India School Finance Company），以印度贫民窟里资本独立的学校为目标，一般情况下，平均发放 25 000 美元的贷款。国际金融公司也进入这个行业，主要是通过使用贷款担保，鼓励当地商业银行贷款给私立学校。到 2008 年，国际金融公司已经在 25 个国家和地区投资了 2.95 亿美元的教育项目，学生人数达到了 70 万名。

这些试验说明了影响力投资为学校扩张融资所面临的机遇和挑战。虽然一些企业家正试图创建可以克服分裂问题的大型学校公司[如在印度的吉安沙拉（Gyan Shala）和在肯尼亚的桥国际学院（Bridges International Academies）]，但是大部分学校都是由教育工作者而不是商人小规模经营的。投资者需要在与潜在借款人的合作中投入大量的时间和精力，以提高他们的商业和会计业务。

除了负担得起的私立学校部门及其专注于提供的中小学教育外，影响力投资者还将资金投入对大学教育的资助。由于未开发的学生贷款市场（如在墨西哥，那里只有 2%的学生通过贷款支付学费），影响力投资者正在开拓学生贷款的新方法。网络银行 Vittana.org 正在与小额信贷机构合作，以促进拉丁美洲在校大学生的端对端借贷。其他投资者，甚至更进一步，通过给学生提供大学学费来分享他们未来的收益。Lumni 为那些承诺毕业后 10 年支付他们的一部分工资的学生承担学费。我们承认，这些创新同时推进了实施禁止契约奴役的法律，并提升了多数投资者的满意度。当我们向富裕国家的听众描述这些融资安排时，经常会听到反对的声音，但他们表示，如果得到适当管理，重要的创新将会产生社会价值。

最后，教育领域的影响力投资并不仅限于新兴市场。至少在美国，一些人认为，政府正在降低其在提供优质教育方面的作用，影响力投资者正在为特许学校及支持性公司提供融资，后者为学校提供诸如教师培训和更健康食品之类的服务。教育资金一直是凯洛格基金会（Kellogg Foundation）1 亿美元的影响力投资计划的一个核心组成部分。盖茨基金会在其 4 亿美元影响力投资承诺的早期部署中，也强调了美国教育资助。2009 年，基金会签署了千万美元担保，确保特许学校的运营商发行 6 700 万美元债券，从而建立了新设施，扩招了 7 000 名学生。

农业

世界各地主要粮食价格的波动，正在越来越多地制造混乱，并引发了人们的担忧。2007～2008 年，水稻、玉米、小麦成本的突然增加，加速了全球粮食危机，导致从海地到布基纳法索的食物暴动，并且估计又有 1 亿人重新陷入贫困。2011 年，全球粮食价格再次暴涨。全球粮食系统结构动态的结果，长期人口趋势和不稳定的天气模式，食品价格上涨和波动可能会持续。同时，在富裕国家的农民和食品公司正在利用越来越多的消费者对食物来源的担忧。在更广泛的环保运动后，出现了本地有机食品运动。似乎一夜之间，投资机会在长期死气沉沉的农业部门迅速增加。

影响力投资在确定日益增多的投资者对农业所创造的社会影响方面扮演一个重要的角色。如果只追求财务回报最大化的投机性投资者主导农业资本，那么世界的粮食需求很可能由大型商业性农业运营机构满足，更强调大量使用有毒化学品，并且忽视为当地农民创造发展机会。认识到这种危险，影响力投资者正在开发可能在未来几年迅速扩大的商业模式和投资结构。

让小农户参与其中

在大多数贫穷国家中，最穷的人是自给自足的农民，他们努力生产足够的粮食，养活自己的家庭，并产生微小的盈余以满足其基本需要。在农村经济中，有很多市场和其他低效情况。糟糕的运输条件和存储基础设施，导致高达 30％的食物会在吃之前腐烂掉。加工设施的缺乏，降低了大多数作物的市场价值。即使他们有钱了，许多农民也因距离供应商太远而不能购买到基本的肥料和灌溉设备。银行和那些蓬勃发展的小额信贷行业，也往往不愿意给农民发放贷款。而且自 20 世纪 70 年代的“绿色革命”取得巨大成功以来，政府领导建立可持续农村发展的尝试，很少取得成功。

在此背景下，影响力投资者正在创新方法，利用为当地农民提供贷款担保，鼓励当地银行向小农户贷款。举个例子，非洲最大的银行标准银行（Standard Bank）承诺通过设在内罗毕的私人基金会——非洲绿色革命联盟（Alliance for a Green Revolution in Africa）——的 1 000 万美元担保，为小农场主提供 1 亿美元贷款。影响力投资者也直接投资于农业经营。为了最大限度地提高社会影响力，他们经常为当地农民提供资金和专业知识，使后者能够通过固定的大规模养殖场，处理和销售其产品。

影响力投资者正在消除存在于公平贸易供应链中的资金缺口。消费者意识宣传活动增加了合乎伦理的需求和可持续生产的日用商品，如咖啡和可可。现在，许多大公司寻求的多样化供应链包括小农生产者在内。但是，多疑的当地银行以及跨国食品公司不愿成为当地贷款人，使许多农民被排除在这些市场之外。影响力投资者，例如美国的草根资本，将要填补这一空白领域。正如在第四章中所讨论的，草根资本将用创新的方法，向农民合作社提供贷款，并建立供应链合作伙伴关系，如与星巴克和雀巢的合作。

可持续发展农业和慢钱

在富裕国家也出现了农业投资缺口。对国产的和有机食品的消费需求已超过了该行业主流投资者的利益。很多专注于影响力的家族办公室开始缩小融资缺口，对它们来讲，主要的兴趣是投资可持续农业。有组织的农民也在利用天使投资人网络和专用的私募股权基金筹措资金。

一些慈善机构投资者通过慢钱（Slow Money）运动开始组织起来。慢钱，基于慢食（Slow Food）运动的核心理念，根据长期、深度价值投资，寻求安全的投资基金。伍迪·塔什（Woody Tasch）在他的书中以同样名字进行命名，慢钱创建了一个长期的慈善投资基金，用个人善款的形式筹集资金，开发美国农村地区的基础设施。[5]这些投资帮助当地农场主种植和运输农作物以及满足投资所需的“硬成本”，如灌溉或其他设备。[6]这样，慢钱通过慈善捐赠，使长期循环贷款及其他投资与真正的环境影响和社会资本发展结合起来，获得不同程度的财务绩效——真正的综合价值。

分布式公用设施

在这样一个充满科技奇迹的时代，有时富裕国家的公民很容易忘记，有很多人仍然没有获得基础公用设施，如清洁的水、电、天然气或取暖和做饭用的石油。在许多国家，特别是大城市周边，有时几乎所有居民的生活都没有电网和自来水，而且他们做饭使用明火或木炭炉子。历史上，提供这些服务的行为被视为自然垄断，在这些行业中，单一实体就可以为更多的客户提供更高效的服务。政府控制的实体已经在提供这些基本的公用事业服务中占据主导地位（经常以失败告终）。

现在，技术突破和成本转移可能会颠覆自然垄断的主导地位，并为影响力投资者开放空间，以支持企业家提供分布式或脱离供电网的解决方案。可再生能源生产和存储的快速创新，将扩大提供太阳能和风力发电服务公司的服务范围。其他公司还在创建实惠的系统，将农业废料转换成沼气和植物肥料。基层水处理设施也在激增，特别是在印度，农村趋向于集中人口来支付安装一家水净化厂的成本。

影响力投资者纷纷与捐助者和政府一起，共同支持这些早期必要的示范项目。影响力投资者，例如非营利组织 E+公司，它的目标社区远离政府资助的电网。大多数人都习惯性认为这是提供服务的权宜之计，直到更高效的电网到达村庄或城市贫民社区。但是渐渐地，一些分布式解决方案的成本，开始趋近于电网解决方案的成本，随着商业模式的发展和从规模效益和技术进步中获利，传统方法的成本也同时增加了。影响力投资者将在提供的过桥融资中发挥至关重要的作用，促使分布式服务企业创新，直到它们可以与占主导地位的公用事业就成本和服务质量展开竞争。

重组社会支出

通过推出创新性融资结构——使影响力投资者能够直接与政府合作，将私人资本纳入基本服务提供领域，影响力投资有望迅速扩大，社会影响力（或者是成功支付）债券（social impact bond）就是像这样的创新。在这种方法中，投资者与政府机构或慈善事业组织签订合同，如果实现了特定的社会结果，那么这些政府机构或慈善事业组织就同意给投资者回报。之后，投资者筹集资金，将资金投入他们认为最能创造理想社会结果的机构。虽然乍一看这可能是一份标准的按绩效付费协议，但是，它实际上是一项重要的金融创新，对扩大影响力投资市场产生了深远的影响。与付费服务合同不同，社会影响力债券为服务组织提供前期发展资金。这使最好的组织而不仅仅是那些可以为自己的流动资本筹集到资金的组织能够参与提供社区服务。也许更重要的是，通过从私人投资者那里以债券的形式筹集启动资金。该组织将成功的风险转嫁到了投资者身上，这允许私人投资者发挥他们的专长：承担风险、追求利润。反过来，政府只需要为可证实的结果付费，从新增的节约额中获取利润。

社会影响力债券的潜力在于，它能够构建一个影响力投资者参与解决广泛社会问题的结构。社会影响力债券适用于任何满足下面条件的社会问题：

- 预防问题成本低于处理成本，创造纳税人和投资者之间可以共享的盈余。
- 测量成果相对容易，使得政府对投资者的债务处于可预测和无争议的状态。
- 已被证明的干预方法，使投资者可以确信他们的投资会有回报。

第一只社会影响力债券是由英国司法部和影响力投资顾问公司社会金融（Social Finance）在 2010 年商定的。通过这种投资工具，私人投资者已投资约 800 万美元，用于非营利性组织帮助最近即将刑满释放的囚犯免于牢狱之灾。英国政府已同意按比例支付债券持有人回报：更少的犯人再次犯罪，私人投资者将收到更多的钱，年收益率上限为 13%。支付给投资者的只是政府因这些罪犯能够远离监狱而节省的一部分资金。

减少社区肥胖群体患糖尿病的趋势，降低高辍学率，支持接受孤儿寄养的家庭：所有的这些问题和许多其他具有共同特点的问题，使采用社会影响力债券方式的时机成熟了。这可能会潜在地改变提供这些创新社会服务的组织，以及在不断地探索社会企业融资的新方法。

我们将走向哪里？

就像你从你阅读自己的养老金计划报告或投资章程的法律免责声明中所了解到的那样，过去的表现不能很好地预测未来的成功。在任何地方预测未来都是危险的，尤其是在快速演进的追求综合价值的影响力投资世界中。

那么，我们知道什么？

我们知道，有关影响力投资的条件是为改变人类状况的轨迹做出重要标志。由于政府和市场提供基本商品和服务遭遇到失败，数以百万计的人正在遭受痛苦。机会无处不在，影响力投资者在追求综合价值时，可以看到和创造机会，而别人只看到市场失灵和政府的疏忽。在投资者把自己的资本投入这种工作中时，政府将起到至关重要的作用，即使以前认为这是政府占主导的领域。不要等待跨国公司：除了在有限的条件下，创新将由当地企业家来带动，对他们来说，搞清楚如何大规模地为贫困客户提供服务是他们唯一的业务，而不是副业。[7]

我们的“苹果 IPO”是什么？

1980 年，苹果电脑公司在一次传奇性的 IPO 中出售股票。除了其在技术领域的重要性，IPO 也改变了以前名不见经传的金融创新的轨迹。这种新颖的投资策略，提出了看似疯狂的想法——从长远来看，通过为非常年轻的公司提供启动和扩张资金，投资者可以获利。主流机构投资者已经远离了这个疯狂的想法。但是，苹果公司的 IPO，使其早期阶段的投资者变得非常富有。机构投资者突然注意到，之前被认为是疯狂的投资方法，现在已成为投资组合的标准配置，即主流的风险资本概念。

什么是苹果公司上市的影响力投资？在追求综合价值的影响力投资概念中，哪些区域或部门会发现引人注目的成功，能够克服这些疑虑，并让我们成为主流？有一件事我们是知道的，这不仅仅跟钱有关。我们的苹果公司 IPO 需要部署大量的资本，解决一个重大的社会问题，从而创造综合价值。当我们可以明确引人注目的社会或环境的挑战，而且影响力投资支持的企业在一定程度上可以解决，而政府或主流市场不能单独解决时，就会产生这种类型的“IPO”。

我们也知道，一项伟大的投资交易本身不足以解决问题。一个个孤立的重要影响力投资将为一些投资者提供综合价值，帮助一些社区居民大幅改善生活，但它不会是某个行业具有决定性的时刻。为此，我们需要在一个组织良好的行业内进行交易，知道如何衡量综合价值，培养可以传达其力量的领袖，有效地与政府一起扩大投资机会，快速识别和复制成功的投资实践。

如何才能构建这样的系统，使苹果公司上市所传递的不仅仅是投资实践，还有我们在现在和未来解决紧迫的社会问题的能力？这本书其余的内容对这个问题进行了探讨。[8]

建立一个有效的行业

阿尔瓦罗·罗德里格斯·阿雷吉(Alvaro Rodriguez Arregui)，

埃哥亚基金联合创始人，墨西哥蒙特雷

1995 年，我从哈佛 MBA 毕业后，住在波士顿，当时我的妻子完成了她的学业。墨西哥金融危机中，在拉丁美洲找到工作不容易，所以我最终去了小额信贷的先驱安信永。

我在安信永的经历，改变了自己的生活。这是我第一次看到贫困状况的一手资料，并克服了缺乏获取基本的产品和服务所产生的巨大挑战。我还获得了提供解决方案的业务能力。此外，我意识到，对于学习基本的管理技能和商业纪律来说，非营利世界不是一个好地方。

在安信永工作一年后，我继续从事商务，仍与小额信贷保持联系。当朋友问我为什么这么长的时间致力于小额信贷，我解释说，我热爱它，并在为自己从事商业之后的生活做准备。通过与小额信贷客户的互动，我意识到，贷款是唯一一项在许多低收入社区缺乏的服务。我推测，有企业家想进入这个被压制的资本市场，并提供战略和管理支持。2007 年初，我开始讨论社会影响力基金概念(当时影响力投资这一术语并不存在)，以填补这方面的需求空白。

当 2007 年我辞去 Vitro 财务总监的工作时，我对得到很多企业的工作机会感到震惊。但我还是非常热情地独自开始投身于这种社会影响力基金。我一直以为，会等到退休了才会把自己的职业生涯献给社会事业，但时机已经提前 20 年到来了！与我在安信永的老上司迈克尔·楚(Michael Chu)一起，在 2007 年年中，推出了埃哥亚基金。

在埃哥亚基金，我们旨在用一种高效和有效的方法，增加基本产品和服务。挑战是巨大的，需要是紧迫的。利润不是目的，但它们是实现目的的方式：利润是必要的，它能吸引资本和受资本驱动的、有前途的企业家。两者对于创造我们需要的规模和行业都至关重要。因为穷人只有这么几个选择，我们看到了企业在提供更好的价值主张，同时在医疗和住房等各个子行业保持较高的利润率机会。我们还为因商业模式的潜在规模而兴奋，这种商业模式能够找出如何利用贫困消费者尚未开发的巨大的市场。

但是，资金筹集并非易事。在新兴影响力投资领域，埃哥亚寻求利用服务不足的市场机会的想法具有创新性。此外，我们面临着持怀疑态度的投资者，他们得到的训练使其相信，同时做善事、做好事是不可能的。我们被困在一个无人区，商业投资者认为我们"太社会化"，慈善家和社会投资者认为我们"过于商业化"。航行于这个领域，我们必须非常清楚地阐释自己的想法。最终，我们在 2010 年关闭了基金，当时基金拥有从本地投资者、开发性金融机构和主要影响力投资基金获得的

1.02亿美元。

虽然走在一条曲折的筹款路上，但是我们还必须建立一支独特的管理团队。我们所需要的人，要具备严格的财务和分析能力，并且也热衷于探讨社会问题，可以在不同的环境中轻松工作。我们的团队成员需要有发现和组织交易的投资智慧、用自己的可运营经验支持投资对象公司，以及对社会影响有强有力的承诺，这样，我们就可以保持自己的专注，社会企业家就会愿意与我们携手合作。

埃哥亚基金只是构建有效行业这个更大任务的一个部分，该行业可以使用商业解决方案来解决社会问题。单一的公司产生后，它们成长，成熟，变得懒惰，直至它们死去。但随着时间的推移，行业的繁荣达到规模经济，以更低的成本提供更好的产品。建立一个产业，我们需要报告社会影响力的语言，增加产业的透明度、减少搜索成本和识别参与者，以及与志同道合的个人共享数据和最佳实践。

但是，最终我们需要多个示范案例，它们会激发有能力的、被动的、有创造力的且被潜在的利润所吸引的企业家。我们必须显示出强劲的财务绩效。我们必须要采用多种方式，可靠地衡量和报告对社会的影响，这样，我们就可以精确地识别我们在做什么，并吸引新的影响力投资者。

第二部分
影响力投资的含义

第六章　如何监管影响力投资

不情愿的税务专家

2000年,当加拿大企业家比尔·杨(Bill Young)决定将他的时间和资源从建筑企业转到解决社会挑战时,他所做的事情是一个世纪以来在这样职位上大多数人的选择:建立一个慈善基金会。就像在他之前的许多慈善家一样,他着手研究,确定自己应该关注的社会问题。

6个月后,比尔决定解决加拿大弱势群体的失业问题。但是,与他的前辈们不同,他并不认为,只有通过捐款给非营利性组织,才能帮助人们确保可持续的就业机会。相反,他试图利用自己作为一个业务建设者和投资者的经验,支持能够通过扩大业务来增加就业机会的社会企业。为了完成这项工作,他成立了一家非营利性投资基金和咨询公司,即社会资本合作伙伴(Social Capital Partners)。

他认为,政府会支持这种做法,用非营利的可持续发展的模式来解决艰难的社会挑战。他错了。令他吃惊的是(他的律师也感到惊讶),政府取消了他的慈善申请。其六页的解释详细说明了,慈善监管机构对社会资本合作伙伴计划与慈善公司合作,以及进行投资和赠款的方式感到不满。并且,由于他献给自己慈善事业的所有资金都与其基金会绑一起,因此,他突然在追求这个工作的路上面临严重的障碍。

16年后,比尔已经想出如何把社会资本合作伙伴变成重要的影响力投资创新者。但是,他不得不学习更多的关于加拿大慈善监管税收系统的知识。并且,这种学习浪费了时间、金钱和精力,他本来可以更有效地构建企业,为有需求的人们提供体面的工作。

创造有利环境

每个人都在某个时候抱怨政府法规和制定法规的官员。虽然公共政策总是众矢之的,但是法律和监管系统为管理良好的国家提供了一个基本框架,支持投资和商业活动。并且在不同程度上,大多数国家正在建设一个同样有用的框架,以支持慈善活动。这些系统界定和保护着企业家和投资者。他们还提供了一系列的激励措施,鼓励个人和公司利用自己的资产,通过慈善机构为社会公益做出贡献。

只要投资的唯一目的是产生财务回报,并且追求社会目标的唯一途径是通过慈善活动，那么这些系统通常是有效的。营利性投资者和慈善家可以撤退到他们的安全角落，在那里各自的监管机构支持其活动。但是，影响力投资的发展打破了这种令人舒适的平衡，提出了许多具有挑战性的问题：

- 如果像我们在第三章所看到的，贷款给秘鲁水果小贩是一种比送礼物更好的方法，可以让她的家庭脱离贫困，那么投资者借钱给她应该获得减税吗？
- 像埃哥亚这样希望基金经理同时追求财务回报和社会影响的风险资本基金投资者，监管机构如何保护其利益？
- 如果筹集了商业资本资助草根资本的运作，那么应该允许它保持其非营利性特点，以及随之而来的税收减免吗？
- 当它们最终可能在公开发行中获得数百万美元时，纳税人应该资助像康帕多这样的小额信贷银行吗？

在大多数情况下，监管体系尚不能回答这些问题。比尔·杨在加拿大的不幸经历，典型性大于显著性。但是，像比尔·杨一样，其他影响力投资者和企业家都不会悠闲地等待政治家和监管者来回答这些问题。他们已经开展了能为投资者和利益相关者创造综合价值的影响力投资。一个个国家，一个个部门，甚至在某些情况下，一座座城市，影响力投资者开创了不受企业和慈善法律约束的模式，从而为他们的操作创造了法律空间。

从根本上来讲，这些豁免在充满敌意的法律环境中提供了安全的避风港。它们不是持续理性监督影响力投资行业的基础。在大多数情况下，社会企业家和影响力投资者已经将他们的愿望置于一种监管体系之中，促使他们假装创造不同或赚取利润，但不是两者兼而有之。政策可为市场定型，并最终启动市场。在没有支持性政策框架的情况下，无论是投资实践还是社会变革最终都没有发生重大创新。制定正确的政策对于实现影响力投资的潜力至关重要。

企业家经常问我们，他们应该把其组织构建为营利性的还是非营利性的，以及他们是否应该大力吸引投资者和捐助者。对他们来说，投资者经常问我们，脱离慈善信托或主流基金进行影响力投资是否有意义。目前，我们的答案取决于特定的环境，很少令人满意。最终，监管者和政界人士将创建一个利用影响力投资创造综合价值的整体框架。当这种情况发生时，对于这些问题，我们将有一个更令人信服的回答："都不是。有为你量身定做的、更重要的事。"在那之前，我们希望本章提供了对整体系统有用的认知。

将新愿望纳入旧系统

影响力投资主要有两个方面：将资产投入运行的投资者和接收该资金并转化为综合价值的企业。对于投资者和企业而言，监管体系对用整体方法产生综合价值方面，其作用仍然令人沮丧。虽然本书着重于投资方（在本章也是这样），但是首先从企业的角度观察监管系统，有力地揭示了当前系统的不足。

影响力企业家遭遇挫折

想象一下，企业家正在建立一个新组织。如果她主要想追求社会目的，那么就会把企业注册为非营利或慈善事业。在大多数国家，她的企业将获得税收减免，以追求慈善的使命。为了维持这样做的好处，她的企业必须同意只追求那些被认为是社会需要的、具有税务代码的活动。她能够从捐助者（在许多国家，从销售产品和服务获得越来越多的资金）那里获得收入，但是，无法从股票投资者那里筹集资金。她将面临专注于通过鉴定那些不应该得到的税收减免，确保非营利性组织不会欺骗政府监管机构。

如果企业家主要是想创造利润，并与外部投资者分享，就会注册为营利性实体。她的企业将得到广泛的活动范围，进行它认为合适的操作（符合基本人权、劳工和环境标准），只通过支付公司税的方式直接为社会做贡献。她将面临专注于确保企业不会欺骗投资者或违反公司行为基本标准的监管机构。

从历史上看，对于大多数组织和企业家来说，该系统运行良好。但显而易见的是，对于一家希望通过整合的方法利用影响力投资资金来创造综合价值的社会企业而言，这种选择是不合适的。非营利性组织的监管是基于以下观点提出的：追求利润（或肯定是资本收益）是使命偏离的证据。但是，这限制了非营利性组织从事营利性活动。营利性实体的监管是基于以下观点提出的：追求社会目标将分散以利润最大化为主要责任的管理者的精力。这限制了营利实体追求在监管机构看来那些无助于财务回报的、以社会目标为主的活动。

那么，社会企业家应该做什么？即使没有蓬勃发展，他们也在设法扭转当前的监管系统，以使其至少能维持运转。

从非营利性视角开始

比如，我们的企业家决定采取非营利路线，但意识到她可以追求基于商业的解决方案，创造收益，甚至股权价值。环顾四周，她会看到其他人建造两条通往监管体系的道路。首先，除了主要的非营利性产业，她可以设立一家由非营利性组织控制的全资营利性实体。这将使她具有进行营利性活动的灵活性，同时确保从这项工作中获得的利润，回流到她的社会使命，通常情况下，要通过预先确定的利润来资助慈善活动。影响力投资的非营利性组织，诸如专注于国际化发展的智者基金和致力于美国社区发展的企业合作伙伴（Enterprise Partners），在摸索着吸收投资资本时，已经发现这种方法很有必要。

但是，随着时间的推移，她会发现非营利性组织的身份带来的限制超过税收和品牌效益。在这种情况下，她可以选择第二条路径：完全逃离非营利性的监管制度，重新注册一家以营利为目的的公司，她可以看到，像墨西哥的康帕多银行和印度的 SKS 小额信贷银行在它们首次公开发行之前，从非营利机构转换成金融公司的过程。

虽然这两种方法允许我们的企业家追求综合价值，但是，它们是变通的，会带来较大的成本代价。这将迫使她跳过会计规则的限制，如非营利性和营利性实体之间配置一个以小时计薪的高级管理层，聘请不同的管理人员来执行重复任务，并保持独立的电子账户，例如，假装她不寻求生成综合价值的方法。她的监管者将能够停留在自己的舒适地带。但是，我们的企业家会感到沮丧，心烦意乱。

从营利性视角开始

向持怀疑态度的非营利组织监管机构证明以商业方法实际上可解决社会问题似乎不值得。如果我们的企业家在营利性业务监管下建立自己的企业，那将会怎样？

这方面的监管旨在确保，企业管理层适用适当的财务责任来保护投资者的经济利益。如果经理试图用她的营利性业务支持社会的目的，那么她将不得不跳过会计规则，掩盖这些活动，以便不被视为违反信托责任。这里，她有两种选择。

第一种选择是，像非营利性同行一样成立一家营利性子公司，她可以建立一家与营利性公司挂钩的非营利性实体。越来越多的服务公司都采用这种方法，比如，咨询公司贝恩(Bain)在 2000 年建立了非营利性组织 Bridgespan。非营利性允许它们追求来自基金会和政府的合同，后者更倾向于聘用非营利性组织，也希望创建一个更符合非营利性质工作的组织和成本结构。但是，监管机构努力确保尽可能分离营利性与非营利性，以确保非营利性组织不能用作避税路径。这种安排无法支持使用整合的方式，用更具创造性的方法创造综合价值。

第二种选择是，随着时间的推移将她的公司转换成非营利性组织。这个转换的想法较为罕见但并非史无前例。这需要清算本公司所有股份的权益，因为非营利性组织不能有股权持有人。对于这些企业家来说，此举可能是困难的，除非她已经成功地拥有强大的控制权和股份。

除了这些能使企业家在正式非营利监管框架下运作的路径，作为营利性实体，她可以试着去追求其社会使命。如果能保持对公司的控制权，肯定会比从非营利道路的起点获得更多灵活空间。但是，当她卖掉公司，或者特别是如果她决定将它上市时，目前的监管并没有提供一条明确的路径以保持这一使命。一些企业主在公司文件中加入使命保留条款，但是，在很大程度上，该举措仍未经实践检验。同样，通过主营业务追求社会使命的上市公司，因为害怕股东诉讼，所以必须在长期为股东创造价值时掩饰这项活动。

最终，我们的企业家可能会发现，这条路径最终会出现相同的低效和挫折。这是无可避免的事实，目前的公司法和监管还无法满足她的期望，用她的社会企业创造真正的综合价值。

影响力投资者的挫败感

如果社会企业家攀登监管高峰的路程是不可信的，且是最终不可实现的，那么影响力投资者如何支持能够产生综合价值的企业呢？遗憾的是，比尔·杨在加拿大的经验是典型的弗兰肯斯坦(Frankenstein)庞大的企业实体，他可能需要通过拼接来实现其影响力投资的愿景。

有抱负的影响力投资者发现，在大多数国家，政府向个人和公司提供税收减免的优惠政策，激励他们贡献私人资本来解决社会问题。这些激励措施可以是直接的（通过允许这些捐款算作所得税的费用或损失）或间接的（如果他们捐献投资的利润，允许投资者获得资本利得税的减免）。在许多国家，这些税收减免会推动慈善捐赠，尤其是对于非常富有的人，同时，把一群律师和会计师召集起来，为他们的客户最大化这些激励的避税效应。

现在是这个问题：这些激励措施的法规，几乎总是将慈善宗旨等同于捐赠。要获得减税或维持私人基金会的慈善地位，需要捐钱，而不是进行影响力投资。除少数例外情况外，影响力投资者如果使用投资工具而不是捐赠或捐款，那将会与监督这些激励措施的监管机构产生矛盾。

并不是说他做的投资不会获得税收优惠。监管机构可能会坚持认为，无论谁管理他的资产，都会投资到安全的地方，从而避免许多影响力投资可能愿意承担的风险。在这种情况下，投资者将面临监管系统忽略了影响力投资的社会利益，或将其视为具有财务嫌疑的风险。

只要捐款是唯一的为社会做贡献的方式，那么这就可以讲得通。但是，对许多像比尔·杨这样的影响力投资者而言，影响力投资是一种激动人心的工具，使他们能够用自己所有的资产（而不只是他们投资所产生的超额现金流）来追求社会效益。对他们来说，忽视或限制影响力投资的监管体系是不合时宜的。

监管墙的裂缝

事实上，投资者监管比之前已经稍微宽松些了。一些国家政府正在逐渐意识到，影响力投资可能是一种很好的方法，可以利用私营部门在追求社会目标上的兴趣。这些创新所建立的激励基础是，许多政府已经提供给慈善捐赠的优惠，并且有兴趣补贴和强制私营部门投资到服务不足的地区。

在进行这些调整的国家中，生活在这里的影响投资者如果有对这些调整所涉及的社会问题感兴趣，就可以找一些有价值的机会，使影响力投资从支持性监管中获益。

私人基金会影响力投资的税收减免

影响力投资者建立私人基金会，注入自己的社会目标资产，可能会获得一些影响力投资的税收减免优惠。我们将在第九章更详细地加以讨论，在许多国家，私人基金会，只要它们每年根据社会目的按比例捐献一部分资产，就支付很少的资本利得税或不支付资本利得税。（在美国，这一比例的要求是基金会减去行政和项目费用后的 5%）大多数基金会通过非营利性组织和政府的捐款能够满足这种支付要求。然而，在 20 世纪 60 年代，福特基金会认识到，它支持的一些非营利性组织可以从贷款中受益，而不仅仅是补助。1969 年，该基金会成功地倡导改变美国税法，允许现在被称为与项目相关的投资（Program-Related Investment）取得了满足支付要求的资格。尽管其金额只有总基金支付金额的 1%，但与项目相关的投资提供了一个影响力投资者在基金会监管的保护激励机制下操作的窗口。

针对影响力投资的税收减免

影响力投资者可能也发现了在某些社会关注的特定领域中的扶持政策。例如，在荷兰，1995 年的绿色投资政策降低了在可再生能源领域投资的资本利得税率，并且在其第一个 10 年，帮助调动 5 亿欧元的投资资金，尽管它正在逐渐退出。在美国，成立于 1994 年的新市场税收信用(New Market Tax Credit)体系，同样为正在投资典型的贫困街区项目的投资者提供税收抵免和资本利得税减免，并已直接动员了超过 160 亿美元，据估计，这些投资已经撬动了额外的 2 000 亿美元。

对于这些创新所涵盖的相对有限领域内的投资者而言，这些调整正开始为影响力投资提供更有利的支持性监管框架。与项目相关的投资法规，允许给非营利性组织的慈善家提供低息贷款，根据投资的慈善目的而获得信贷。在荷兰的风电场或在纽约市贫民区的房屋开发计划的投资者因其影响力获得认可而获得了减税优惠。当然，如果你所居住的国家没有与项目相关的投资政策或对影响力投资没有针对性的补助，那就是你不走运了。

虽然这些在监管框架下的创新迄今只是以拼凑形式被应用，但是，它们指出投资监管中潜在的整体变化之路，从而可以鼓励影响力投资，同时保留其基本的社会目的。

建立支持影响力投资的监管制度

在大多数国家，法规根本不承认和支持社会企业家及影响力投资者越来越坚持通过影响力投资创造综合价值的雄心。正如我们在下一章讨论的那样，最勇敢的开拓者们正在寻找使现有系统至少站得住脚的方法。但是，强迫人们去忍受的监管制度会阻碍影响力投资。有些人缺乏应对当前挫折的后劲，可能会放弃，并回归到通过捐赠来资助非营利性组织，或通过投资使财务回报最大化。影响力投资不会成为一种普遍用于解决社会挑战配置大量资金的工具。

为了使影响力投资实现其潜力，监管者需要与现实同步——支持慈善事业和投资的现有监管制度的并行假设已经不再适用。相反，组织可以用一种综合的方式，同时追求利润和目的(因此，勉强限制追求社会目的的组织营利潜力的监管制度实在是太苛刻了)，并且投资可以同时创造利润和社会价值(所以，仅仅侧重于保护投资者经济利益的监管制度，是没有任何意义的)。

在这个新的领域，监管机构需要使组织能够执行侧重于产生综合价值的商业模式，增加影响力投资的流动性，并为构建具有高影响力的投资配置好的平台。在特定子行业进行拼凑式创新，如荷兰绿色债券，指向这种整体方法的潜在组成部分。但是，我们不能通过免税进行监管。我们需要把这些创新组成一个总体框架，用于监管可以覆盖整个活动范围的影响力投资，在这里，影响力投资者正在解决社会挑战，未来，他们将进入许多新的领域。

为影响力投资构筑这种支持性框架，不仅仅是政府监管部门的任务。良好的监管将从投资者、企业家和潜在客户的共同参与中产生。正如2010年对印度的小额信贷行业的争议和干扰所表明的那样，每个关心影响力投资未来的人，都在着手创造更有利的监管环境。对现有监管框架下运作的自满或采取应急措施监管是不可持续的。

在更高层次上，影响力投资的监管和政策议程框架非常清晰。我们接触大量的现有跨越投资监督和社会政策的监管结构，我们关注的是以下三种主要路径：(1)促进社会企业；(2)促进影响力投资；(3)塑造市场。

这些方法应用在特定国家和地方时，有不同的侧重点和偏好。并且，当将它们结合在一起时，这些监管结构的进步会有助于创造有利的环境，通过支持额外的资本流入创造综合价值的企业，提高我们应对社会挑战的速度和规模。

促进社会企业

现在，大多数政府认识到利用私人活动来应对社会挑战并提供基本服务的效用，而且已经创建了基于一些企业的兴趣是追求社会目标而不是利润的共识基础上的企业形式。这些企业可以包括非营利性组织或慈善机构。政府经常直接用捐赠基金资助这些组织，创建培训和其他提高其能力的支持计划，并通过在采购时的优惠待遇，对它们进行鼓励。

在很多地方，这些社会部门组织非常普遍，很容易忘记社会部门的想法是多么新颖。承认私人组织可以负责提供社会的解决方案，是20世纪的一场静悄悄的革命。现在，这场革命已经进入下一个回合，政府开始认识到，影响力投资者支持的营利性社会企业，可以提供一种类似的强大社会力量。正如非营利创新者在过去半个世纪中创建自己的组织那样，这些企业将需要自己公司形式的创新和国家的支持。

为影响力企业创建新的企业形式

由于企业和投资者越来越多，因此划分为非营利性和营利性将不再有意义。使企业家承担影响力投资资本以追求综合价值的新公司形式，将是支持性监管制度的关键。这允许社会企业家关注产生综合价值，而不是打公司法的擦边球。创建一种新公司形式可能听起来不切实际，但它既不是前所未有的，也不是脱离现实的。400年前股份公司的发展常常被视为释放现代资本主义潜力的创新，这不是注定的，但是激发了通过监管创新促进进步的潜力。从那时起，公司形式持续进化。

新公司形式需要认识到影响力投资者寻求同时保持社会使命和他们的经济利益。这种公司形式需要结合并行的慈善规则和企业的监管，同时使企业能够追求综合价值：

(1)确保聚焦社会的实体坚持自己的社会使命，但是不要由于不适当的限制而影响其赚钱的能力。

(2)使以利润为中心的实体能够积累资本,保护与其具有经济利益的投资者,但是不要限制它们追求社会目标的能力。

目前,正在开展各种活动来开发新企业形式,以满足企业家、投资者和社会的需求。任何提议从构思到成为监管的实现都是不容易的。正如非营利性认证的公益企业(B Corporation)的安德鲁·卡索伊(Andrew Kassoy)在"新资本主义新规则"中所说的,使任何新公司形式通过并形成法律,需要强烈的倡导来寻求不同寻常的联盟,反对维持现状。

尽管所有这些提议中没有一个是完美的,没有一个获得了广泛的接受和支持,但是都向前迈出了重要的一步。现在考虑一些更加有趣的发展势头:

● 社区福利公司(Community Interest Corporations,CICs)。英国已经远远超前大多数国家,建立了一种国家级的公司形式。CIC(发音为"kick")创建于2005年,使营利性实体可以追求社会使命,而不用害怕被起诉违反信托责任,从而实现财务回报最大化。这解决了我们的企业家担心被禁止参加一些聚焦社会活动的问题。但是,CIC监管仍然反映了其对利润动机的根本性不信任。CIC的股权价值被预先锁定、无法分配,虽然政府已经将股息上限提高到每年20%,以更好地平衡利润和社会动机。

● 低利润有限责任公司(The Low-profit Limited Liabicity company,L3C)。在美国,对于主要目的是提供社会效益的公司,低利润有限责任公司是一个很有价值的选择。L3C并不受制于盈利或与股东分享利润的能力。然而,由于它已经被专门用于根据美国私人基金会监管规定要求,对公司进行与项目相关的投资资格预审,因此限制了公司可以追求营利活动的范围,在实践中,它可以为投资者提供回报。但是,一些企业家和投资者会发现,满足这些狭隘的标准太难了。

● 目标灵活的公司。加利福尼亚州的一个律师团体提出了SB201,该建议旨在建立一个目标灵活的公司名称。在撰写本书时,立法工作正在议会大厦里奋力前行。该法案寻求公司管理者自由地追求慈善活动或影响力导向的项目,而不用担心投资者的诉讼。其公司章程向任何潜在投资者表明,它所追求的不仅仅是关注股东价值最大化的活动。如果该法案通过,一部分目标灵活的公司可能成为影响力投资者感兴趣的目标。但是,由于没有任何对影响力的第三方认证要求,因此这个公司名称可能会与那些将追求影响力作为其业务主要目的的合作品牌公司,以及与那些涉足慈善事业却追求随之而来声誉的公司相混淆。有趣的是,多个非营利性协会的代表反对这项立法,他们也表示担心,这种新公司形式可能会将捐赠的美元转换成目标灵活公司的投资。

● 认证的公益企业。另一个旨在提供灵活性和确保社会目的平衡的尝试是,正在美国推动的共益公司立法(见"新资本主义新规则")。共益公司的身份使管理者和所有者追求利润和社会目的,同时在他们的操作上提供更大的灵活性。除了在他们的业务操作上追求社会目标,共益公司(或认证的公益企业)也必须同意提高透明度和问责制的水平——超过对其他公司的最低要求,并授权管理层来优化多个不同利益相关者的多元利益，如员工和环境，而非仅仅考虑企业主的利益。这种方法包含一个公司的社会承诺和对其创造价值的衡量，而不是只看其财务绩效。如果影响力投资者对管理层追求社会目标和为投资者创造可观的利润的能力有巨大的信心，就可以投资于认证的公益企业。目前尚未形成国家标准，认证的公益企业（如 L3C）可以在越来越多的州注册为公司，2010 年，佛蒙特州和马里兰州以正式批准其名称首开先河，2011 年初，新泽西州紧随其后。

除了企业形式的这些创新之外，世界各地的各种创新公司正在探索几个世纪以来的合作所有权模式，以扩大员工从他们帮助建立的企业中获得的股份和利益。

补助影响力企业

一旦某种公司形式使企业主能够用透明和综合的方式创建综合价值，政府就会更容易地利用这些公司。许多国家已经创建了支持目标公司的先例。美国小企业管理局有 50 年的历史，拥有将近 1 000 亿美元的资产，为银行和风险资本家投资于小企业提供贷款担保和投资补助。此外，还向企业主及其投资者提供技术咨询。在印度，自 1982 年以来，国家农业和农村开发银行（National Bank for Agriculture and Rural Development）已经扮演了类似的角色，支持农村企业的投资。

在这些例子中，政策制定者已经确定，分散的投资活动区域——美国小企业、印度的乡镇企业——应该得到政府的鼓励。政府可以建立类似的计划，以支持企业在更广泛的领域和地区追求影响力。目前主要集中在促进基于其所有权结构的公司（在美国和南非，例如，对于黑人和妇女拥有的企业）的项目，可能与促进那些基于其影响力的公司相互补充。小企业管理局已经看到了这个机会，并且在 2011 年初计划用 500 万美元，支持影响力投资者把资金投入目标为在低收入社区创造就业机会的美国公司。

促进影响力投资

为社会企业创造新的公司形式和政策，以支持其成长，有助于通过市场化的方式来解决社会挑战，从而创建综合价值。但是，它们如何获得资本来创立和成长呢？

一些社会企业将有足够的利润来推动其与主流投资资本的增长。但是，主流市场会忽略许多人，假使他们有足够资本，可能产生实质性的综合价值。政府能做什么来促进影响力投资流向这些企业——而且应该这样做吗？

一项重要的影响力投资的前景是，它将释放大量新资金，填补政府和慈善机构解决社会问题的巨大资金缺口。那么，要敦促政府补贴这些投资者可能有点奇怪。但是，成熟的税收优惠和直接补助，可能是政府利用其有限资源的有效途径。在一些地区，来自政府的投资授权还将对市场结构失衡造成冲击。

鉴于政府干预私营部门投资决策的复杂历史，这些激励措施和授权需要精心构建和识别，哪些是能产生风险调整市场利率的财务回报的影响力投资，哪些是不能产生类似回报的影响力投资，以及两者之间的基本区别。在某些情况下，结构性障碍会使投资者远离某些区域或行业，即使这些投资最终可能证明是有利可图的。影响力投资可能需要使这些市场准备好，创建已确立的商业模式、企业和可以随后支持主流财务回报网络这样的关键要素。在这种情况下，对于促进投资，政府的介入可能暂时是必要的，其结果最终是纠正市场失灵和使主流投资者进入。在这些情况下，政府的介入可以随着时间的推移而消失。

其他企业可能会产生巨大的公共利益，但其业务无法产生足够的利润吸引主流投资者。在这些情况下，财务回报可能永远不会吸引影响力投资者之外的私人资产，即使这些投资能够产生实质性的综合价值。大多数国家偏远农村地区的投资，可以反映出这些特征。政府可以采用担保和其他支持性举措，减少这些领域的投资风险，或者可以直接授权这些投资。在这两种情况下，影响力投资的概念都有助于为理解这些动态变化创造框架，并将这些授权置于更广泛的旨在寻求将私人市场用于社会目的的监管结构。

扩大税收激励

税法一直是引导私人资本的强大工具，一些政府开始用它来促进在目标地区的影响力投资。这种方法往往会产生广泛的政治吸引力，因为它利用市场力量并降低税务风险，这对右派具有吸引力，与此同时，它还引导资本支持社会和环境优先权，这对左派也具有吸引力。

现行法规为更全面的方法奠定了基础。对于捐赠的税收减免开创了一个先例，政府可以通过私人资产的贡献来解决社会问题。针对目标行业投资的税收减免，如在美国的低收入住房开发或荷兰的绿色债券，将这一概念直接延伸到了营利性投资者。

结合这些概念，政府可以为影响力投资建立广泛的税收激励机制。诚然，对于正在寻求减税而无意于创造影响力的投资者而言，这也打开了一条被其滥用的路径。但是，这种方法的优势在于促进市场参与者在发现创造综合价值机会的领域进行影响力投资，而不仅仅是在政治过程确定投资资金最需要的影响力领域。

更狭义地来讲，制定广泛的规则，鼓励私人基金会进行影响力投资，将会释放独特的资本准备池。美国与项目相关的投资法规（第九章将详细讨论）认识到，私人基金会可以通过营利性投资追求社会目标，这是一个好的开始。其他没有类似政策的国家应该会采纳，但是，正如目前在美国应用的那样，这一规定过于严格，无法支持主要的影响力投资者的实践，这些投资者能够更加轻易地实现追求利润和维护法规允许的任务之间的平衡。基金会的影响力投资者需要推动与项目相关的投资资格的限制边界，并最终寻求监管机构可能的更广泛指导。

扩大补助

与税收激励措施一样，政策制定者也可以将惯例作为给影响力投资的广泛补助基础。像美国的小企业管理局和印度的国家农业和农村开发银行，这些实体补助国内影响力投资，通过贷款担保、优惠资本条款和培训计划来实现国家目标。扩展这些影响力企业的项目和方法，无论它们在哪个部门和区域范围内运作，都将释放影响力投资的力量，以应对更广泛的社会挑战。

这些补助可能会浪费在不产生社会价值的企业中。正如我们在国际发展影响力投资背景下所看到的那样，确定什么构成了影响力投资和调整基金经理关注影响力的动机，是具有挑战性的任务。当影响力投资者与商业投资者并肩作战时，明确这些区别(决定谁应当得到政府补助)特别困难。

用于指定和规范专注于影响力企业的国家认可企业形式，可以降低这种风险。政府也可以为数据收集和分析提供支持，帮助我们更好地理解从事影响力投资的企业家的构成因素，并反馈到规定中，明确获得“影响力”称号对投资者和公司的要求。

授权影响力投资

除了税收优惠和补助激励，政府也可以挥舞投资授权的“权杖”，引导投资资本进入不发达地区。这些授权通常要求银行对目标社区开展影响力投资，以赢得到别处追求(可能更有利可图的)业务的权利——比如：

(1)1977 年的《美国社区再投资法案》(The U. S. Community Reinvestment Act，CRA)。该法案要求银行增加它们在城市内部贫穷社区的贷款。该法案释放了几十亿美元的资本，用于经济适用住房开发和以社区为基础的贷款。

(2)印度优先部门政策。自 1969 年以来，要求银行将其总贷款 40%借给政府指定的优先领域。自 1977 年以来，要求银行在不发达地区开设分行，以获得监管部门在发达地区开设分行的批准。

(3)南非金融部门许可证(The South African Financial Sector Charter)，于 2003 年被业界采用，部分原因是为了阻止来自政府的进一步监管，从而产生一系列影响力投资授权。这包括分配一部分利润从事社会投资以及预留资金用于投资小企业和黑人所有企业。

无论是影响力投资最终对投资者有吸引力的地方，还是创造了投资者无法意识到的重大公共效益的地方，都能够使用授权。在第一种情况下，该授权将使投资者摆脱目前将其排除在区域或行业之外的偏见和盲目性。在第二种情况下，它将确保企业有足够的资本创造社会效益。诚然，这将构成投资者基于该授权的营业税；它可能是产生必要社会结果的最有效方法，并且如果没有实现预期结果，公司的成本可能会低于在退化的社会或环境背景下运营的成本。

塑造影响力投资市场

在世界范围内，政府补贴、激励措施和授权支持了新兴产业的兴起和发展，诸如风险投资、私募股权和绿色技术等。但更重要的是，现代资本主义更加普遍的成功，取决于政府之前所扮演的市场塑造者角色。通过确保信息畅通，减少不确定性，并设置基本市场互动的规则，政府构建了使市场功能完善的条件。政府越来越多地扮演塑造市场慈善家的角色。但是，由于介于投资与市场之间的影响力投资金额的下降，政府已经在很大程度上逃避了自己在这里塑造市场的责任。

要填补影响力投资市场塑造的空白，政府可以承担两个基本职能：缓冲投资者受到监管机构的无意伤害，并设定标准。

缓冲投资者受到监管机构的无意伤害

旨在加强分别监管慈善和投资制度的改革，往往造成意想不到的后果，即破坏影响力投资。对影响力投资者来说，试图把不同子行业的税收豁免拼凑在一起，是一件令人疲惫的事情。相反，金融服务和慈善监管改革，需要从一开始就保护影响力投资。金融危机后，监管改革是适当的和至关重要的。但是，旨在保护资产所有者免受无良基金经理、投资银行以及社会过度冒险和避税的改革，也可能阻碍投资者尝试影响力投资。

在主流投资和捐赠的监管没有妥协的情况下，三种主要的缓冲会令影响力投资繁荣发展：

(1)允许冒险的灵活性。影响力投资资产所有者，经常希望他们的基金经理采用创新的投资策略并承担风险，追求综合价值。执行谨慎人规则，旨在确保管理者服务于其基金资产所有者的利益，需要让基金经理尊重资产所有者的这项期望。基金管理人，尤其是私人基金会的资产管理人，不应该被监管机构限制进行影响力投资。

(2)修改对银行的限制。不应该过度禁止银行使用其资本来帮助培育影响力投资。改革旨在通过限制受监管银行在私募股权里的投资，减少系统性风险。然而，他们还威胁到投资银行参与影响力投资。2010年，在美国的金融改革中限制银行投资私募股权的规定——通常被称为沃尔克规则(Volcker Rule)，意识到了这种威胁，创建影响力投资美国小企业的豁免权。这种类型的豁免可以扩大到其他影响力投资。

(3)意识到投资能够服务于直接的慈善目的。慈善监管改革也可能威胁到影响力投资。监管部门应该严厉打击非营利性组织及其捐助者因有异议的社会价值活动所享受的税收减免。但是，打击这样滥用行为的活动，会席卷所有影响力投资组织。政府认识到，当营利性影响力投资能合法有效地解决社会问题时，需要制定明确的指导方针，以使其免受这些打击。

设定标准

没有衡量投资结果的标准，就不能形成一个有效市场。如果企业和投资者没有广泛认可用来沟通和比较其行为的原则和条款，那么主流资本市场就不能发挥其作用。在大多数国家，政府认识到这一点，要么直接制定和维护报告标准，要么将这种责任委托给指定的行业机构。

然而，影响力投资者没有从类似的标准中受益，很大程度上要逐一评估每宗交易潜在的社会影响。但是，这些投资者正组织起来解决这个问题。《影响报告和投资标准》(*The Impact Reporting and Investment Standards*)最大的成就是，已经创造了一个衡量影响力的标准。政府可以通过授予它们官方名称，来强化这些标准。公认会计原则是通过政府对会计行业主导的过程形成的。同样，政府可以将影响力评级公司的工作合法化，比如全球影响力投资评级系统，就像标准普尔的风险评级机构所做的那样。

当从事自己的影响力投资时，政府也可以通过简单地采用这种方法来帮助设定标准。在许多子市场中，政府是影响力投资者的做市商，其规模会令其他人追随。在促进国际发展的影响力投资领域，政府已经投入了数十亿美元。许多国家的政府还管理大量国内影响力投资项目。但是，就像投资私人市场一样，他们投资那些采用自己独特社会报告系统的基金经理和公司(如果他们报告的话)。对于接受公共资本的公司和基金经理报告社会影响力而言，成本不会太高。当存在一个标准时，政府还将直接从中受益，其带来的效率和透明度，有助于提高这些公共基金的投资效益。

认证影响力投资管理者

我们经常遇到一些投资者，他们渴望在影响力投资上投入大量资产，但是又犹豫是否要这样做，因为他们不知道哪里可以配置自己的资本。他们问我们："我怎么知道哪位基金经理真能创造综合价值，而哪一位只是在给我们讲述关于影响力投资的动人故事？"基于个人经验和关系网，我们有自己的答案，可能其他人会有不同的选择倾向。只有当提出这个问题的投资者能够分辨真的投资者和装腔作势的投资者时，影响力投资行业才会迅速发展。政府也可以利用其对投资中介机构资质的影响，帮助解决信息问题。政府能够很好地与行业领导者合作编制规则，以确定如何成为一名影响力投资者，确定谁符合这些条件。这是美国政府在社区开发金融机构界定中所扮演的角色。通过与投资者、企业家和致力于成为影响力投资的获益者合作，政府可以将这一角色更有效地扩展到更广泛的影响力投资领域。

新资本主义新规则

安德鲁·卡索伊，共益实验室(B Lab)创始人，纽约州纽约市

杰伊·科恩·吉尔伯特(Jay Coen Gilbert)、巴特·侯拉汉(Bart Houlahan)和我在私人事业成功前就在大学里认识了，巴特和杰伊成立了一家服装和鞋类公司(And1)，后来成为一个价值 2.5 亿美元的全球品牌，我成为私募股权投资者。到 2005 年，我们已经准备好自己的第二事业，用我们的私营部门技能来创造公众利益。但是，怎样开始呢？

我们知道，尽管政府和非营利部门对社会进步是必要的，但是，企业有吸引创新、资本和人才的动力，有助于解决我们面临的最大问题。然而，企业并不能最大化股东财富。没有现存的标准和指标，可以让消费者、投资者或政策制定者，判断好商业和好营销之间的区别。法律结构无法令使命驱动型企业随着规模扩大而维持自己的使命。事实上，美国的法律明确规定，公司董事要最大化股东的财富，无需考虑任何广泛的社会因素。

结果呢？尽管使命驱动型企业市场有巨大的发展——仅在美国就有6 000万消费者和超过5 000家企业，但是没有市场促进这些企业的发展或使资金流向它们。因此，巴特·杰伊和我决定，我们的使命就是创建这个市场基础设施。

当我们在2006年组建共益实验室时，高影响力企业的市场缺乏清晰性、透明度、可比性和标准。我们决定首先为高影响力企业塑造一个品牌，发出统一的声音，易被利益相关者辨别，建立清晰的绩效和法律标准的商标，并产生发展市场的重力中心。这个品牌是认证的公益企业(Certified B Corporation)。认证的公益企业满足高水准的社会和环境影响要求，改变其公司结构，确保利益相关者的利益。到2010年年底，已经有近400家通过了公益企业认证。

但是，这些企业及其投资者仍然按照旧的规则构建了一种游戏，不惜一切代价追逐利润。新资本主义需要新规则。我们需要一种能满足投资者、员工和客户需求的新公司形式，这些人越来越希望，公司考虑其决策对多个利益相关者的影响，而不是仅仅关注短期利润最大化。如果没有新的企业形式，那么我们将持续看到，无数的善意公司创始人在自己需要第三方增加资本或流动性时，牺牲了公司的使命。

因此，我们开始倡导一种新的共益企业(benefit corporation)法律形式，其主要组成部分有三个：

- 共益企业的目的除了为股东创造价值外，还创造普遍的公共利益。
- 董事的信托责任扩大到包括考虑决策对股东和员工、供应商、客户、社区和环境的影响。
- 共益企业必须发布一份按照第三方标准定义、报告和评估社会和环境绩效的共益报告。

促使支持通过共益企业立法的因素有两个。第一，这种方法允许企业及其投资者选择更高的标准，而不是强加给所有公司的新规定。第二，它为政策制定者提供了一种并不昂贵的方式，有助于恢复公众对企业的信心并推动经济发展，为其所在地区带来良好的就业机会。

然而，创造一种新公司形式并不容易。在美国，该公司形式已经在每个州被独立地批准，要求不同的资源和管理模式。该运动要求每个州都有立法支持者，他们既了解企业法律改革的大局需求，又了解其微妙之处。律师协会固有地保护现有的公司法不受立法者干预。让他们支持这次运动，需要找支持这个概念的律师，确保他们看到有多少企业客户支持这种创新。

共益企业法案于2010年在马里兰州和福蒙特州通过，2011年在新泽西州通过。在马里兰州第一天立法时，有11家公司按照认证的公益企业注册了。随着这一运动获得的支持持续增加，其他7个州的法规正在制定之中。从长远来看，我们的目标是，使这个新公司形式能在每个州都具有法律效力。

当目标达成后，每个公司都能够以不同的方式运行，并为影响力投资者提供出路。共益企业将允许商业和资本市场取代它们的位置，成为一项能减轻贫困、恢复环境、创造高质量工作、重建社区的合法工具。

克服遗留系统

有效地监管影响力投资是一项艰巨的任务。它需要监管者了解金融市场的能量和局限性，动员不同来源的资金，以应对社会问题的挑战。遗憾的是，现有的官僚机构，通常分离负责监督投资者的人和负责应对社会挑战的人。它们不是监管影响力投资的自然选择。正如影响力投资银行业务正在形成其自身拥有的独特技能一样，影响力投资监管也将需要一套新的综合技能和政府职能部门之间的协作。

这就是监管改革不能单独由监管机构进行的原因。与追求综合价值影响投资增长息息相关的每个人都可以发挥作用，支持更有利的环境的发展。但是，正如安德鲁·卡索伊描述的提倡新监管规则一样，没有人可以独自做到这一点。我们不能仅仅指望像加拿大人比尔·杨那样年轻且有魅力的个人独自以身作则。相反，我们需要强大的领导力来配合和协作。我们需要协同努力，打造使其变得有效的领导力平台和职业生涯的路径，把影响力投资从一种强有力的理念变成一种社会力量。下一章将探讨实现这一目标所需的行动和功能。

第七章　如何培养变革型领导

● 2007 年 11 月，摩根大通在其投资银行宣布成立社会金融部门。该部门旨在为银行开展一项有利可图的业务，使其在自有资本与财务回报的投资中，也能处理如贫困和环境恶化等社会问题。这个内部声明公布的一个星期内，有超过 1 000 名摩根大通的员工纷纷去联系新单位的主管，表示有兴趣加入她的团队。

● 2010 年，哈佛商学院学生最感兴趣的俱乐部选择，不是专注于投资银行，私募股权或管理咨询的俱乐部。相反，400 多名毕业生选择参加社会企业俱乐部(Social Enterprise Club)。许多商学院学生关注怎样运用商业技能去解决社会和环境问题，这种现象在世界各地的顶级商学院也同样突出。

● 一名 20 出头的年轻人是成功投资者的孙子。他父亲走了一条不同寻常的道路，领导环境项目，并推进可持续发展。当这个年轻人考虑去华尔街实习的时候，他父亲表示担忧，担心他将被华尔街"金融第一"的思维所腐蚀。但是，他拒绝这种关心，选择追求结合公共服务和投资的职业生涯："我爸爸不希望我走融资的道路，我祖父也没有真正理解社会议题，但重点是，我想赚钱，同时在世界上创造积极的改变。我的未来不会涉及财富或社会正义——我想要创造影响力，想赚钱，对正在做的工作怀抱激情。为什么他们无法理解呢？"

每一个行业都需要领导力来带动蓬勃发展。有效的领导者能使个人和机构集中资源和注意力，实现共同的任务。在适当时机施加的领导力，有助于创造很多我们在这本书中描述的机会。国际开发融资的早期开拓者、尝试用新方式向贫困妇女提供贷款的创新者、推动商业银行实行低收入住房贷款政策的社会活动家：以上所有这些都是有超凡魅力和充满活力的领导者，为影响力投资的壮大开拓了机会。

但是，为了影响力投资的演变，领导者必须避免尝试将自己的志向和活动引入现有系统。相反，我们需要能够改变系统本身的领袖。这种变革型领导将使这个行业向更多的人、机构和资源开放。打破只有魅力先驱才能成功的创业阶段，影响力投资行业能够吸纳所能找到的全部充满激情且态度平和的战士。

将利润最大化和慈善事业分开的并行系统仍将大多数人排除在影响力投资之外。大学和研究生院教导学生，其职业生涯要么是追求利润最大化的企业管理者和投资者，要么是关注社会的公务员和非营利性组织领袖。招聘公司和人力资源专业人士，匹配那些想在私营公司赚钱，或那些想要在非营利性组织和政府追求社会目标的人才。除了少数例外，行业协会、网络和行业术语有利于这些在不同领域的领导人之间的协作和沟通，而不是局限于他们内部之间的交流。

但是，当这些不同的领域碰撞时，会发生什么情况呢？通过有效运作产生利润和解决社会问题的领导人，什么时候影响力投资能创造机会产生多重效益？我们将如何培养可以追求两者，或相反地，任意一者或价值主张的变革管理者？我们如何为利润产生与社会价值的整合建立职业阶梯？我们如何培养全行业的合作，加速影响力投资从一个小概念到主流力量的转变？

我们需要建立一套新的系统和领导力方法，整合追求利润和解决社会问题。有魅力的创新者独立经营，除参加具有重大议题的国际聚会外，他们不会亲自完成工作。相反，通过在多个团体中提供新领导力的个体之间的周密合作，我们真正需要的变革型领导即将出现。[1]

领导变革，转变领导力

目前为止，影响力投资的领导者大多数来自追求相对受限政治议题的有魅力的个人。他们的工作揭示了制度局限性，后者强调投资必须只注重创造财务利润，而社会和环境问题只能通过慈善和政府干预来解决。但是，他们主要在这些体系内运作。他们有创造性的适配器，可以连接投资的方钉和慈善机构的圆孔。这些适配器是慈善机构和商业银行结合在一起的夹层基金，商学院的非营利管理课程，以及偶尔列入主流投资者期刊中关于影响力投资的专栏。

影响力投资进入下一阶段，领导者需要建立新的系统，而不是适应现有的系统。这一阶段所带来的挑战完全不同于我们目前理解和提倡的领导力挑战。其核心是，富有远见的领导描绘出关于“什么是可能的”轮廓。影响力投资的第一阶段，在特定的行业创造了新的可能性，如小额信贷、美国的低收入住房融资和国际开发。现在，我们可以从根本上构建一套新的系统，一个极大地拓展了用整合方法来产生更广泛综合价值的平台。

2009 年关于影响力投资的报告《社会和环境影响力投资》(*Investing for Social and Enviromental Impact*)中，监控研究所(Monitor Institute)介绍了行业发展经历的四个阶段。[2]如表 7.1 所示，我们还可以应用此框架来理解领导力的本质如何演变。作为一个包罗万象的行业，影响力投资在表中所示的非协调创新阶段出现。在这个初始阶段，反传统的、有魅力的个体呈现了领导力情况，例如：

● 克劳斯·提斯豪泽(Klaus Tischhauser)，他利用在主流资产管理中的职业便利，成立了总部设在瑞士的社会投资基金 ResponsAbility，该基金在小额信贷和更广泛的影响力投资中，总计投资超过 1 亿美元。

● 威利·富特，草根资本创始人和主席，放弃哈佛商学院学业，开始创建一个非营利性组织，向整个拉丁美洲和非洲的农村合作社提供贷款，通过传统的捐助来源和大型企业，构建了 5 000 万美元的资产负债表。

● 杰奎琳·诺沃格拉茨(Jacquline Novogratz)，离开洛克菲勒基金会后，开始创建智者基金这个在东非和南亚投资社会企业的非营利性组织。

● 穆罕默德·尤努斯，因小额贷款的成就获得诺贝尔奖，20 世纪 70 年代初，当他是一位在孟加拉国教标准经济理论的教授时，就已经开始借钱给学校附近的贫穷妇女。

表 7.1　　行业演进的阶段

	非协调创新	市场建设	捕捉市场的价值	成熟
行业特征	·在有魅力的企业家的驱动下，创新活动激增	·基础设施的建立，降低了交易成本，并支持更多活动 ·开始形成活动中心	·主流参与者进入一个正常运作的市场 ·早期领导人能够利用先前承诺的固定成本，从事更多活动	·随着增长率减缓，状态相对稳定 ·可能发生合并
领导的驱动力	·有魅力的梦想家创建大胆的新组织 ·有效的沟通传播分散的成功的、鼓舞人心的趣闻轶事	·全行业的研究和基准测试提供了较大的、具有影响力的证据 ·早期的开拓者联合起来支持全行业的基础建设（例如，网络和衡量标准）	·"信使"将令人信服的成功的证据传达给主流听众 ·成功的投资者通过合伙和投资集团迅速扩大规模	·拥有强大品牌的大型参与者带来信誉和知名度 ·注意力转向推动前沿的创新者

注：随着影响力投资从"非协调创新"到"市场建设"阶段的演进，领导力完成从有魅力的个人到有效合作者的转变。

资料来源：改编自 Monitor Institute："Investing for Social and Enviromental Impact"（Cambridge，Mass：Monitor Institute，2009）。

在讨论社会企业家受到的赞许时，以上这些人具有最典型的共同性格。他们充满激情。他们是冒险家。他们放弃了既定的职业路径，走向非营利投资和慈善事业之间的新领域。当面对持怀疑态度的世界和背离现有系统以拓展自己的事业时，他们充满决心。而且他们也非常罕见。

这样有魅力的人和他们已经建立的开拓性机构，是我们希望在行业发展第一阶段看到的典型创新。我们可以通过简单的提问，开始一个关于影响力投资领导力的有意义讨论，"像杰奎琳·诺沃格拉茨和威利·富特那样的领导者，建立了激励性的组织，要想培养更多这样的领导者，我们可以做些什么？"

这是一个不错的问题，下一章我们将会和大家讨论这个问题的答案。但是，把我们关于影响力投资领导者的讨论局限于具有魅力的个体，最终还是有限的。通过提问的方法排除了更多潜在行业的参与者和领导，从气质或环境上看，他们都不会是先驱创新者，也不会是国际聚光灯下的焦点。将重点放在有魅力的领导者身上，也不符合影响力投资行业的现状。

随着业界做好进入一个新的会产生系统性变化的阶段的准备，我们必须把注意力转移到更重要的问题上：我们可以做些什么，来为建立新的影响力投资系统培养所需的领导力，从而解决大量的社会和环境问题？

从魅力领导力到协同领导力

影响力投资者倾向于将领导力与个人魅力相提并论。这些人是我们在商业杂志上看到的人物,也会在巡回演讲中碰到。他们是商学院教学案例中的主角。在名人文化日益占主导地位的时代,以及企业家和那些将自己视为大胆投资者的人所占比例过高的行业中,这种情况并不令我们感到惊讶。并且,这可能会有所帮助。当他们的复杂思想可以体现为个人品牌时,运动成为主流。戈尔副总统一直是反对气候变化运动的重要统一象征。我们也看到穆罕默德·尤努斯如何成为小额信贷的强大名义领袖。

同样,有决心的个人正在使影响力投资更普及。但是,在影响力投资下一阶段需要发挥合作和协调作用,一心一意地致力于单打独斗,会掩盖这种关键性角色。先驱者与新人有效协作,建立基础设施,招揽下一轮的人才和筹集更多的资金,影响力投资将会腾飞。在许多方面,影响力投资的元素——小额信贷、可持续金融、社会企业资金等——目前就好像单独的街区聚会。这些聚会虽然是充满激情并且有意义的,但并不能充分发挥其潜力,直到它们溢出小巷,流向大街,吸引参与者加入进来,变为盛大阅兵式,才能全面发挥作用。

统一领导

在既定的行业中,成功源自在明确规则下击败行业竞争对手。在影响力投资刚刚开始形成的领域,成功源自制定规则,搭建面向世界的平台。影响力投资的成功需要多个系统的变革,从资本市场,到绩效衡量,再到公共政策。无论多么有魅力的个人,都不可能单独创造这些变革。这是一个特别棘手的问题,因为它需要能专注于"我们"可持续的社会变革,而不仅仅是"我"的社会企业家精神。

幸运的是,新一轮的行业建立者开始从早期的有协作精神的开拓者中脱颖而出。就目前来看,影响力投资行业足够年轻,因此,合作对很多参与者来说是双赢的。全面的产业建设工作会让蛋糕快速做大,大到足以弥补因合作造成的市场份额的损失。领导投资者将带领其他人进入投资行业,积极共享数据和网络资源。从定义上看,大多数进入这个行业的影响力投资者不仅仅是为了钱,而是着迷于大胆的想法和创新的行动。

这种开创性的合作精神是可持续的吗?随着产业的成熟、赌注的加码,克服零和思维方式的影响并不简单。一些有魅力的人将不愿意让关注点从他们的工作转移到该行业的更广泛影响。并且,企业领导人很容易优先考虑自己组织的议题,而不是行业增长的需求。例如,影响力投资为其投资者开放大量的其他选择时,小额信贷机构很容易感觉到这种威胁。

对于真正的转型变革,我们需要领导者抗衡这种体制上的束缚。个人需要成立机构,增强并继续他们的工作。但是,这些组织需要认识并接受他们参与更广泛的影响力投资行业的重要性。主流金融服务公司需要做的工作不仅仅是将现有人员重新分配到这个新的企业活动领域;还需要到社区以外去聘请人员,帮助他们注入新的力量,扩展之前局限于行业内部的视野。

构建全球平台

在新兴阶段,影响力投资行业遭受越来越多因参与者良莠不齐而带来的负面因素困扰。在这种情况下,协作和整合是具有吸引力并且有益的,实践、语言等的标准化有着同样的作用。但是,过早强制协作和标准化会扼杀创新。我们确实需要领导者去竞争和创新。

在已建立的行业,参与者成立正式的行业协会,以创建可以取得合作与竞争之间平衡的平台。推出有效的集体行动平台,往往标志着一个行业的到来及其增长。小额信贷行业在小额信贷峰会和帮助穷人的咨询顾问(Consultative Group to Assist the Poor)中找到了自己的平台,两者都在 20 世纪 90 年代全球小额信贷热潮开始时被正式推出。通过 1979 年推出的地方倡议支持公司(Local Initiatives Support Corporation)和 1991 年推出的活力城市(Living Cities),社区开发性融资运动在美国找到了自己的集体行动平台。

2009 年年底推出的全球影响力投资网(GIIN)可能是影响力投资的一个类似里程碑的标志。正如那时英国投资者罗纳德·科恩(Ronald Cohen)爵士对经济学家所言,"这让我想起了私募股权在 20 世纪 80 年代初的时候,也就是它开始成长之前",当时早期领导人网络形成,预示着行业的成长和巩固。[3]

但是,投资者驱动型组织,如全球影响力投资网,不能独自站稳脚跟。影响力投资行业还需要把发言权和影响力传递给更大范围的参与者。为此,多语言的项目,将非营利性组织、社会企业、政府和学术界的代表聚集在一起的活动,是至关重要的。如 SoCap"社会资本"论坛(2008 年第一次在旧金山湾区召开投资者、企业家和思想领袖的年度会议,并在 2011 年扩大到欧洲)、社会企业联盟(Social Enterprise Alliance,召集管理各种企业的社会企业家的会议)、一年一度的英国牛津斯科尔世界论坛(Skoll World Forum,社会企业家和投资者的国际盛会),这些会议对推动影响力投资社区的大规模前进是至关重要的,尤其是它们越来越配合传统的、可持续的、几十年来每年都会召开的投资活动,如社会责任投资会议(SRI in the Rocket),现在汇集了大批杰出的、有社会责任感的投资专业人士。

对旧挑战的新回应

想象一个影响力投资盛行的世界。这个世界将迫使我们重新思考三个相互关联问题的答案:(1)谁来讲述我们的故事?(2)我们如何教育下一代的领导者?(3)我们如何聘用和留住优秀人才?

有魅力的个人会在回答这些问题时发挥作用。但是,答案将需要更多已建立机构的协调和参与,而不是在过去已经表现出魅力的个人。

谁来讲述我们的故事

发展一个充满活力的影响力投资行业,需要有效的沟通和营销。这个任务也将随着产业的成熟而转移。在过去，有远见卓识者充满热情地、有说服力地展示了营利性投资如何成为解决社会问题的适当和可行的方式。我们现在的挑战是把这个观点从边缘带入主流。有远见卓识者将起到至关重要的作用，随着它变得更加多样化并产生更多的商业利益，仍需要坚持该行业的成立原则。但是，我们还需要培养新一代的、可以进一步传播这个信息的倡导者。

影响力投资起源于早期领导人的愿景，他们通过设立实验基金和企业的创新方法，探究进行资产配置的可能性。由于这些想法与一个更广阔的市场相关联，因此讲故事的任务将转向两个方面。首先，沟通不只是来自反传统的、独立的专家，还可以来自能够利用不断完善的基础设施，放大自己信息的下一代领导人。其次，有效的沟通，而不只是描述孤立的、成功鼓舞人心的个人，还要描述一个广泛的、全球性行业的整体影响力。

虽然我们希望早期的一些有远见的人仍然保持有力的发言权，但是也希望信息传播者会变成主流信使。这些人成为传播者，能从有远见的实践中吸取经验教训，并有效地传达给更广泛的观众。作家马尔科姆·格拉德威尔(Malcolm Gladwell)的影响是一个很好的例子，表现出了有效主流信使的力量。通过翻译过去几十年发展行为经济学领域远见者的观点，他将其想法带入广泛的社会和政治讨论。[4]通过普及慈善资本主义(Philanthrocapitalism)这一术语，马修·毕晓普(Matthew Bishop)和迈克尔·格林(Michael Green)也同样为慈善家历时很多年研究出来的新方法，吸引了不少关注。[5]

我们如何去平衡广泛交流与守住愿景关键要素的需要？只有少数人听到的完美消息并不足够好，但是，数以百万计的老生常谈和陈词滥调，或者更糟糕的是，虚假陈述的消息，也同样不够好。目前的挑战是，主流的消息与更深层次的愿景相一致的基层经验如何紧密联系在一起。在博客和社交网络社区的诚实讨论，可以促进二者的联系。行业基础设施的建设，也将有助于实现这一沟通。在小额信贷行业，如信贷峰会和支持穷人的小额咨询团体等基础设施帮助领先的从业者改进自己的思想，其后传达给更广泛的受众。对于更广泛的影响力投资，诸如博客社会边缘(Social Edge)这样的新兴平台，以及诸如全球影响力投资网(GIIN)和社会投资回报评估指南网络(SROI Network)这样的组织，同样有助于那些提供更有效路径的人们理解我们学习的内容，然后向主流听众传达那些深刻见解。

在讲述影响力投资故事过程中成功协作的领导者会创造一个强化循环。随着主流听众接受这些消息，影响力投资者将花费更少的时间使他们明白影响力投资是可行的和有效的。相反，我们可以利用这段时间来制定和执行创新的方法，为故事增加有前途的实践，并吸取总结出来的经验教训。

我们将如何教育下一代的领导者？

现有领导力教育系统反映了创造利润和社会进步活动相分离的历史问题。商学院习惯性地把社会参与当作一种商业约束来进行管理。公共政策和社会工作学院通常把商业当作一种罪恶，如果不予以谴责，就会受到管制和约束。

对于很多学生来说，这种分裂的心态越来越不合时宜。虽然他们有时会无法确切表述，将它表达为“影响力投资”，但是这些学生渴望学习如何创造综合价值的机会。在顶尖的商学院，这种渴望体现在广泛参与社会企业班、俱乐部、会议和商业规划竞赛上。在顶尖的公共政策学院，学生要求管理者和教师帮助他们了解如何利用商业做慈善。

我们已经在自己的工作中注意到了这种动态。杰德关于综合价值的讲座仅限于全球顶级商学院。安东尼在哥伦比亚商学院教授的商业和国际开发课程经常爆棚。当我们在商学院演讲时，政策学院的学生偷偷溜进演讲室；当我们在政策学院发表演讲时，商学院学生也会出席。逐渐地，我们不能把他们和他们的兴趣、背景及愿望分开。教师和管理人员应该响应学生的兴趣。然而，最初的回应反映了带有分歧的世界观。20 世纪 90 年代中期，商学院开设非营利性组织管理课程，以响应一小群致力于将商业纪律应用到非营利性工作中的学生的需求。对社会企业兴趣的激增，似乎更加紧密地整合了商业培训和解决社会问题。然而，大多数课程继续保持，而不是超越经营企业和解决社会问题应该分开的理念。

这种方法令许多学生感到沮丧。他们来到学校，并且相信在整个职业生涯中，他们可以整合盈利和社会目标，但是，发现只有在罕见的、有魅力的企业家身上才能证明这一观点，而这些人代表着规范之外的例外情况。尽管有些机构做出了卓有成效的努力，诸如，阿斯彭商学教育研究所(Aspen Institute's Center for Business Education)和在纽约大学社会创业培养雷诺计划(New York University Reynolds Program for Social Entrepreneurship)，这是一项独特的全校范围内针对本科生和研究生自发的计划，商学院的课程和文化在很大程度上继续将综合价值的创造归类为一个小型的、有希望的活动，在这个领域中，它被最重要的信息所压倒，即企业的核心目的是追求金钱利润。

在公共政策与社会工作学院，这种情况无疑是雪上加霜。虽然存在一些明显的例外，但是管理者和教师通常担心以营利为目的的企业将吸引学生远离他们曾培训学生的公共服务职业。20 年后，他们发现这种担心不是没根据的，在这期间，管理咨询公司和投资银行已经逐渐加入政策学院毕业生的招聘行列。为了适应学生的兴趣，一些政策学院勉强接受了社会企业的语言，但往往只适用于接受非营利性、民间社团或公共部门形式的企业。

尽管存在普遍性的僵化，但是研究生院采取循序渐进的步骤，以适应学生对综合价值的爆炸性增长的兴趣。他们将课程从分立世界的另一边，引入课程和规划。但是，对于这些未来与他们共事的影响力投资领导者和监管者，他们通常还没有提供综合性的培训服务。这种情况正在开始改变。一些商学院开始将社会目的整合到理解企业领导者如何创造价值。一些政策学院逐渐对参加私营部门采取更少的防御姿态，而且不把学生进入影响力投资企业看作注定要失败的努力。

课程发展

影响力投资课程一般会遵循行业的发展轨迹，课程最初关注诸如小额信贷和可持续发展等开拓性子部门。在2009～2010学年里，教授第一门明确的课程被称为“影响力投资”，是从这些狭窄的课程中增设的。2010年，一位研究影响力投资的商学院教授推出了相关课程，作为哈佛大学责任投资倡议（Harvard's Initiative for Responsible Investment）的部分内容后，该趋势有望快速增长。课堂之外，2011年初，举行了第一个影响力投资学生创业计划竞赛。在海得拉巴的印度商学院，将建立一项完整的计划，将企业的任务集中到为贫困人口提供有价值的基本服务。（“培养意识和催化市场”介绍了这项计划的起源及其雄心。）

校际协作

实现综合价值的愿景，需要技能和灵活性，与一批不同寻常的人员及机构进行合作。影响力投资者必须学会与非营利性组织、基金会和政府一起工作，共同构建、执行和监督投资，影响力投资监管者必须了解商业的创新潜能。但是，在一种旨在吸引某类学生和保持某种类型的讨论的教育计划的范围内，很难提供这样的培训。

一些学校正在应对这一结构性挑战，通过创建特殊的程序，协调不同学科的学生之间的协作。采用这种方法的一个早期例子，是美国加州大学伯克利分校布卢姆发展经济学中心（The Blum Center for Development Economies）。该中心的团队之间上演了一场常规性竞争，团队由来自工商、政策和工程学院的学生组成，并且学生之间携手合作，为可持续经济发展项目构建模型，其中可持续经济发展项目包括税收产生部分。类似的计划在其他地方也开始出现。

角色示范和有意义的导师

考虑到在领导力教育中社会化的重要性和模拟组织人方法的激励性，培养下一代影响力投资者的一个重要方面是歌颂榜样的示范力量。从历史上看，商学院将学生培养成了具有领导力的商业人士，向人们呈现了模范性的生活，在其商业成功之后，就是通过慈善事业来丰富退休生活。现在，影响力投资的先驱在商学院越来越受到大家欢迎，给学生提供了一种可供选择的遵循模式。学院承认辅导和角色示范的重要性，需要鉴别更多的机会，让学生接触到类似的前瞻性榜样。除了有魅力的企业家，榜样也可以是来自网络、标准制定机构和其他行业制造商的领导者，他们将逐渐代表下一个阶段影响力投资行业的高效领导力。

我们如何聘用和留住优秀人才？

在传统的、分裂的世界，职业生涯路径是相对简单的，如果想从事社会公益事业，那么可以追求非营利性组织或公务员的职业，享受崇高“做善事”工作，但其代价是过一种工资相对较低的生活。如果对商业和投资感兴趣，就可以追求财务利润丰厚的工作，希望自己可以享受退休生活，同时发展慈善捐赠、志愿服务，并出现在非营利性组织董事会中。非营利性组织聘用员工从事社会工作和政策培训，并通过提供"有意义"的工作,留住他们。企业聘用从商学院毕业的员工,用不断增长的工资和奖金来留住他们。

但是,对于新兴的影响力投资一代而言,生活更加复杂且令人沮丧。顶尖的学生在他们职业生涯的开端就努力整合商业技能与专业目的,而不是按传统顺序开展职业生涯。有些公司所追求目标的唯一渠道是提供暂时性的非营利性分配,他们对这种状况感到沮丧。同样,令他们感到失望的是,非营利性组织看不起商业及应用商业的方法。然而,在面对选择很少的就业市场时,大多数学生不得不抑制这种失望情绪。

影响力投资的出现开始改变这种状况。它打开了一个日益扩大的渠道来引导这种失望,并产生新的职业选择。我们遇见的年轻专业人士,逐渐开始放弃以前极为诱人的、提供丰厚薪金的工作,追求从开始就创造综合价值的完整职业生涯。他们是退出主流领域的企业家,将成立自己的影响力投资初创企业。他们是那些令影响力投资基金脱离华尔街或伦敦金融城的投资银行家。他们是顶级商学院的学生,拒绝麦肯锡提供的职位,而去影响力投资咨询公司工作。他们是摩根大通的银行家们,离开传统的职业发展轨迹,加入银行的社会金融部门。

作为回应,聘用和留住领导人的方法正在发生改变。创业猎头公司开始建立影响力投资者的档案,打造利基市场,为越来越多的投资者和企业招聘影响力投资人才提供服务。通过提供一种可靠的方式,整合整个职业生涯的目标和盈利,管理者开始从传统的职业生涯轨迹中挖走顶尖人才。通过传统的非营利性工作,他们还留住了十年前就想离开他们所在公司,去追求目标的员工。

关于如何开始影响力投资的职业生涯,世界各地的年轻专业人士经常咨询我们的建议。几年前,我们鼓励他们获得主流商业投资经验,给自己定位,在五年内从一个高层职位过渡到非营利部门。现在,我们已经不那么肯定了。随着影响力投资职位更加频繁地扩大开放,人们越来越不需要感到灰心和失望。套用著名的电影台词:当你知道自己想要用余生创造综合价值的时候,你希望自己的余生现在就开始。

培养意识和催化市场

鲁本·亚伯拉罕(Reuben Abraham),新兴市场解决方案研究中心(Center for Emerging Markets Solution)执行主任,印度海得拉巴商学院院长

我觉得商学院所有传统技能的教学工作做得很好,但是,它们实际上并没有传授那些关于重塑世界的、令人难以置信的宏观知识。例如:

- 在医疗保健和教育方面,私营公司在低收入阶层占主导地位,而在印度等国,政府将投入数千亿美元用于公私合作伙伴关系,来提供这些服务。
- 未来 30 年,亚洲和非洲城市化是最主要的宏观趋势。能想出如何提供体面的、买得起住房的公司,将占有几亿客户的市场。

我想不出一个能让学生合作,同时又更有趣和智力挑战的问题。哦,在这个过程中，她也可能最终实现了一个完美的世界。

但是，商学院必须做得更好，让学生认识到像这样的趋势。这种认识有助于学生们在职业生涯中做出更好选择，更不用说还可以发现隐藏在这些领域市场效率低下的套利和创业机会。

与普通企业或正常买方机会所需要的技能相比，这些学生需要的技能与之毫无区别。事实上，我认为，你自己觉得需要一套不同的技能，是一个错误的想法。大部分解决方案需要熟练掌握商业领域的知识。更重要的是，大量的创新可以让大部分印度人获得高品质的商品和服务，并为负担得起的创新应用成熟的技术模式和新的商业模式，这两者都应该是商学院的核心竞争力。

你需要的是常规技能和领域意识的组合，以及千载难逢的机会，这种机会显然难以被常人发现。人才市场的真正问题是工作时间长且薪金较低，因此，需要真正对这个问题感兴趣的人，降低薪水并且在这个岗位工作。好处是，这可以充当一个在众多分类中选择合适人选的过滤器。由于在这些领域的风险降低(例如，现在，有更多的企业家愿意阅读低成本的医疗保健解决方案)，因此市场将在需求和供给之间找到合适的平衡点。

除了教授的内容外，我们还通过其他方式催化这些市场。除了我们教什么，我们在其他方面刺激这些市场。我是一个自由市场主义者，但是，我不相信市场的自动出清。在一个自由、完善的市场，市场出清是既定的，机会落到寻找机会的人身上。遗憾的是，在新兴市场中，完美的市场机制主要存在于教科书中。市场确实会受阻，需要一个推动力来清除这些障碍。之所以发生这些障碍，主要是因为在新兴市场风险定价过高。

在新兴市场解决方案中心，我们发现了一些机会，为投资者进入各种市场铺平了道路，包括低收入家庭住房、卫生和教育的机会。问题是，早先为什么没有人看到这个机会？部分答案是，人们心不在焉，想在高收入市场寻求高回报，但是显然还存在一个尚未开发的市场。普通的企业家无法获得有助于确定和抓住机遇的研究和网络。对我们来讲，建立这个生态系统是一种有助于这些市场出清的高效方式。在我们的住房工作中，我们花了10万美元，历时一年半进行深入的研究，建立网络，并识别那些强大的机构。一旦我们帮着建立了这个生态系统，数百万美元的逐利资本就会进入这个领域。

印度商学院的学生对以市场为基础的解决方案领域非常感兴趣。当他们学习交易工具的时候，也开始系统地理解为什么印度走上这条道路，如何改变这种状况。与前几代不同的是，目前这一代的印度人把商业视作一种正向力。这同样适用于应用商业方案来解决社会经济问题。

所有这一切都并没有表明，学生们争相接受这个行业的职位。总的来说，印度商学院的学生正在进入一个消费主义阶段。即便如此，在他们的脑海中种下这颗种子，是一个非常好的主意，并且，即使在传统的商业生涯中，我们也希望这颗种子有助于他们做出正确的选择，最重要的是，要意识到一个国家的经济增长不可能只局限于精英。

引领未来

在这本书中，我们将介绍如何建立需要完善的制度和范例，以响应不断变化的条件和环境。影响力投资行业中领导力的本质并没有什么不同。下一阶段的领导力需要去支持一个行业，这个行业不再只是有魅力个人的领域，而是一个跨部门的、全球性机构的复杂生态系统，这个生态系统正在建立清晰的职业发展路径，赢得广泛认同，并通过专用网络和行业协会来经营。

谈论"集体基础设施"和"向主流渠道传播信息"，可能听起来很沉闷或令人分心。解决复杂问题的机会，甚至被视为边缘的机会，正是吸引许多开拓者参与这项工作的原因。当影响力投资成为一种既定做法时，可能会失去早期领导人在建立新事物斗争中所看到的一些诱惑力。但是，当影响力投资变得平庸一些的时候，它也将为其他人创造令人兴奋的开篇。

塑造影响力投资的未来，需要通过一系列过程，包括：广泛且透明的调查、实验，以及追求从共享理念、努力和激情中明确愿景。对有魅力的社会企业家和金融奇才来说，他们的一部分生命要用来构建新的投资产品。然而，未来的领导模式是整体领导力——个人通过有机合作的成果，使用社交网站、局域网，以及专注于具体、共享挑战的工作组。这不是自上而下的引导；相反，是从下面成长壮大起来的，深深扎根于主流和新流之间的泥泞土地中，追求在全球舞台上表现单一的议题。

新一代领导的自然想法是，欢迎投资能够且应该寻求综合价值最大化的项目，当我们的世界由他们领导时，会发生什么呢？这个世界不仅仅是一种遥远的幻想。如今，已经为这种领导力转型做好了准备，学生越来越表现出对综合方法的本能兴趣，大学和雇主开始对这种兴趣做出回应。

我们今天谈论的年轻领导者，并未沉浸于装模作样的分裂世界中。他们自然而然地支持关于自我、社会和成功的综合理解。当他们在投资委员会和管理委员会中占据一席之地时，他们不会问上个季度的财务状况如何，我们需要多少额外的现金才能做善事？相反，他们只会问，我们该怎么做呢？

通过这种非凡的探究，皇帝自己才是那个赤裸的小丑。这些新决策者将为理财顾问、基金经理、教授、雇主和雇员制定积极进取的新条款。这对他们这一代和未来人们的影响是显而易见的，但也许更有意思的是，这些问题对当前的领导者来说意味着，他们认为自己是在保卫未来资源和保护他们机构的利益。真正的领导力挑战，可能不是有关组织信息和建设基础设施，而是开放自我，让新一代来领导我们。

第八章　如何衡量综合价值

我们所在意的才是重要的……

● 100多名商学院学生睡眼惺忪地坐在纽约的一个礼堂里，参加星期五早晨一个关于影响力投资的座谈会，安东尼2009年也参加过这种座谈会。其中，一名专题小组人员探讨了自己关于在墨西哥影响力投资者埃哥亚基金的工作经历。他提到，埃哥亚基金的投资为贫困客户提供良好的医疗保健和健康保险。还讲述了一个投资公司帮助贫困家庭建立更好、更大房子的故事。此外，也谈到了另一位投资人帮助贫困农民将农产品出口到美国有机市场，赚到了更多钱。听了这些故事，学生们迷惑地坐着，仍然试着摆脱清晨的薄雾。然后，一名听众问道，埃哥亚基金的目标是赢得多少财务回报。该小组成员说“我们的目标是超过20%净内含回报率”。突然间，房间充满了听得见的喘息和显而易见的热情，此时此刻，学生端坐起来，热切地盯着正在讲述鼓舞人心故事的那位基金经理。

……直到会议结束！

● 杰德和影响力投资者之间最近的讨论，转向了自己如何做出投资决策。该投资者和杰德探讨哪些是后者配置13项天使投资的关键因素，2010年投资总额100万美元，他说：“我看着这些数字，当然，也考虑这个投资机会是什么——它所展示的商业机会，但在一天结束的时候，基于这位企业家讲的故事，我做出了自己的决定。它令人信服吗？它听起来像一个来自内心的、对他描述愿景的自我承诺吗？在我看来，他是一个真正正直的，并且想要和他一起工作很多年的人吗？这些都是无形因素，远远超出了数字和定量分析的范围。这些是促使我做出最后决定的因素。”杰德问：“是否曾经推翻过这些数字，并且决定仅仅根据他个人对个体的判断或一些其他的社会因素去投资。”他笑了。他说：“就像风险投资中的不成熟大男孩一样。他们说，这与客观分析和市场机会相关，但实际上，每个人都希望成为‘大交易’中的一部分，每个人都希望在‘正确’的阵营中，每个人都在进行莽撞地投资。传统市场和影响力投资都是如此。数字扮演了一个角色，但是，故事和社会因素才是决定的推动者。”

这两个故事在世界各地反复上演，因为影响力投资行业正面临着一项挑战，需要开发工具去衡量和描述综合价值。确切的数字给人留下深刻的印象，良好的说唱让使人记忆深刻。然而，在综合价值领域中，二者都无法提供我们真正需要的、有助于做出最佳投资决策的工具。

埃哥亚基金与其投资所产生的社会影响力，应该激发了专注于社会企业的学生听众。但是，简单的一句“超过20%的净内含回报率”，有着无与伦比的聚焦能力。他提供了一个听众能理解的数字，商学院培训这些听众，让他们理解了“内含回报率”是对每年内含回报的衡量。同样重要的是，他们知道如何对那个数字进行基准测试，其相对表现有着同样的理解。与此相反，基金经理只能通过讲故事来描述埃哥亚的社会表现。这些故事很难从其他社会型企业的类似故事中区分出埃哥亚的成功。

然而，这些故事确实会影响投资决策。随着杰德和影响力投资者对话的公布于众，人们发现，通常情况下，驱动主流投资者投资的因素远不止简单的数字分析。缺乏量化社会影响力的标准指标，并没有阻止早期影响力投资者筹集资金和进行投资。一些投资者愿意忍受更高的成本，直接测量和监测社会影响力，通过根据自己的标准委托制作影响力报告书，或者通过聘用在交易处理的基础上评估社会影响力的专家。其他人则愿意让奇闻轶事来代替分析，要求影响力投资基金经理只发送关于快乐客户的照片和故事。

但是，只有社会绩效数据公开地用于基准测试和研究之后，站在场边的大量资本才会流入影响力投资。即使大量资金的确流入了，我们如何知道自己的投资在产生我们想要的全部影响力？尽管我们有良好的意愿，但是意愿不会产生实际影响力。开发高效的衡量体系是主流影响力投资的代价和奖励——同时保证我们实际上具有自己所渴望的影响力。

重新构想我们如何衡量价值的兴趣正在日益增长。慈善家正变得越来越沮丧，他们无法看到自己的捐款对社会产生了哪些好影响。社会企业家想要评估自己一生的工作，并分配社会资本，而不仅仅是讲好故事的能力。他们渴望为自己的工作提供更多的客观荣誉，并且将自己风险企业的影响力与其他社会企业的影响力区分开来。2008 年金融危机中，在保护自己经济利益的标准方法失败后，投资者仍然在这次失败中蹒跚而行。甚至政府也听到这个时代精神的风声，例如，不丹首相和法国总理拒绝将 GDP 作为一种衡量国民福祉的有效方法。

但是，除了从最好的非营利性和商业性的方法中进行挑选或选择之外，影响力投资者需要制定新方法，可以让我们在其集成形式中认识到综合价值。即使我们可以把所有事物都归纳为数字，但是仍然不能反映一项策略的全面价值或影响力。相反，我们需要建立一个综合的系统，在“绿色垫圈”(greenwashers)的竞争压力和“政策专家”(wonks)的指标之间，找到一个安全均衡点，其中“绿色垫圈”力图降低标准，以使它们容易被满足，而“政策专家”旨在推进严格水平，但实现起来并不切合实际。

本章不是一个衡量投资组合或企业综合价值的简单指南。我们确实不提供一种指标框架或方法的综述。当然，要想在这个领域学习，肯定有大量的书籍、报告和培训会议资料。相反，我们对影响力投资衡量标准机会提出了更大胆的设想。我们不是将它看作难以逾越的鸿沟，而是制定一个更引人注目的方式的机会，有助于捕捉我们投资的全部价值，并跟踪它们的多重回报。

测量时刻

几十年来，非营利性和商业世界边缘的声音都认为，标准的方法不能准确地衡量价值。新的现实将这些呼吁声放大，使它们更接近主流的关注。在社会部门中，当捐助者和政府向项目拨款数十亿美元，而没有可靠的方法来衡量它们的社会影响力和与之相称的价值的时候，面对日益严重的社会问题时紧缩预算，人们开始将注意力集中到我们历来一直忍受的浪费上。

在商界，2008 年的金融危机暴露了一个问题：依赖于复杂的公式，代替对投资风险更细致入微的理解。这场危机还促使公司更有效地管理其业务的社会方面；许多人已经观察到，企业资本市场失败的主要原因在于政府治理领域，这是传统的社会责任投资的核心，如今被视为所有投资者的重要考虑因素。尽管受到了这种新的关注，但是根本性问题仍未得到解决：我们如何开发一种衡量体系，提供对综合价值创造的全面理解，以符合影响力投资者的利益？

测量价值的新关注

20 世纪 70 年代以来，关于慈善和投资社会影响力的实践测量和报告，已经发生了很大变化。越来越多的非营利性组织和捐赠者通过一系列创新，促进了影响力测量领域的发展。作为财务回报的贡献者，一些以盈利为目的的公司开始管理社会效益。这两股力量正在创造新的工具、实践和关注，从而可以转化衡量社会价值创造的潜力。

最大化非营利性组织的社会影响力

当非营利性组织的影响力测量运动在 20 世纪 80 年代中后期正式开始时，评估在很大程度上被认为是履行或遵守合同的运动。经理发现自己不得不亲自填写每个月的报告，从个案案卷中选择数据，制成完整性令人存疑的表格。“客观的”第三方评估者在评定某项既定干预策略有效性的前一天访谈了解了这个项目。项目评估认为，更需要做的是证明过去的补助金是合法的，而不是告知正在进行的工作，更不用说提供关于预测未来绩效的报告了。

我们正在这种可悲的事态中继续前进。在许多领域，评估人员现在不仅关注哪些指标对经理和投资者最有帮助，而且还包括如何最好地创建提高绩效的动态信息系统。今天，许多非营利性组织管理人员可以访问定制的在线绩效和信息系统，管理可持续发展和社会影响力。这些被称为社会 MIS 的管理信息系统不仅有助于制定单个组织的报告，而且还有助于制定越来越多的类似组织的报告。无论是在初创型公司，还是微型企业或营利性社会企业，这些系统为未来比较不同类型投资创造的综合价值奠定了基础。

管理商业的社会影响力和价值

与此同时，在一些以盈利为目的部门，商界领袖正在讨论，他们的同行就在几年前的一段证明自己合法性的艰难时期。现在，一些首席执行官管理供应链的相对可持续性，为国家在医疗改革方面做出的努力提供支持，或给员工分配一些参与社区活动的时间。2000 年，推出综合价值的概念，并在过去十年中，在国际上受到广泛推广，该概念甚至已经找到了自己的方式，出现在《哈佛商业评论》上，《哈佛商业评论》是被顾问迈克尔·波特(Michael Porter)和马克·克莱默(Mark Kramer)重新打造的，现在也加入了其他成员，包括斯图尔特·哈特(Stuart Hart)、林恩·佩恩(Lynne Payne)、罗莎贝斯·莫斯·坎特(Rosabeth Moss Kanter)和约翰·艾尔金顿(John Elkington)，这些人正在展望一种新形式的资本主义，该概念则是由追求他们所谓的"创造共享价值"公司提出的。[1]

2008 年的金融危机加速了这一趋势。这场危机让许多人对传统数值测量系统的不变性信念产生了怀疑。几个小时和几天都好像短短的几分钟，这些数字背叛了投资者和基金经理。随着主流资本市场开始慢慢感到恐惧，然后解体，随后被瓦解，原先被假定是理性的、定量的市场显露出它被惊慌和恐惧等社会因素所推动的一面，许多人对此惊叹不已。在对抗这种价值毁灭的背景下，投资者、监管机构和世界各地的公众开始更频繁地且更激烈地询问，投资者怎样才能为社会公益做贡献，而非摧毁它。回答这个问题的努力，提供了量化和传达商业社会影响力的新动力。

接近价值测度

尽管取得了这些进展，但是我们工作遵循的指标仍然强化了这个概念，即财务回报和社会影响力明显是一种投资决策的独立结果。它们力图去描述综合价值，但是，经常以测量其独立的部分作为开始和结束。这种方法是基于一个假设，即以盈利为目的的企业产生可量化的经济价值，并且非政府组织或企业责任项目创造的社会价值能被故事或图片单独描述。

这种方法存在的问题是，我们无法看到真正的综合价值。只有分别通过其财务或社会影响力的情况，才能描述一项投资的价值，就像描述光的时候，假设只存在可见光一样。我们可以描述用肉眼看到的红光、蓝光和绿光。但是，大多数的光处于可见光光谱之外，而在红外线、伽马射线和紫外线光谱中，我们的肉眼看不到它们。同样，综合价值存在于以社会和财务收入为目标的投资中。通过仅仅能看到部分频谱的现有指标系统和故事，我们看不清其全貌。

传统的投资者都知道如何跟踪和计算一个既定单位的绩效，例如，1 美元。传统的慈善家能更加高效地跟踪组织单位的绩效，例如，换来一个小时服务或一顿饭。但是，我们并不一定真的知道，那 1 美元全部的和真实的价值。影响力投资者可能会给施粥场提供贷款。在该项投资中，施粥场可给投资者提供每年 5%的回报，同时还供应了 10 000 顿餐点。1 加 1 可能等于 2，但在这种情况下，"2"最终的综合价值是多少呢？

您可能会想:“经济学家和公共政策教授还没有弄清楚这一点吗?”其实并没有。遗憾的是,衡量价值的标准方法不能很好地融入综合价值领域。简单地说一种标准方法,任何既定对象——窗户里的一只小狗、待售的公司、市政债券市场提供的债券、10 000 顿餐点,所值得的是其交换价值,也就是说,为了交换那个对象别人放弃多少价值。但是,在衡量社会价值时,交换价值适用性很有限,因为不同的人给社会商品的估价不同。虽然我们可以交换钻石或粮食,但是我们不能交换父母的价值或估价,虽然我们可能会说,“那女人是一位好母亲”。但是,在同一级别的流动性上,不存在可行的“好母亲”市场或微笑交换,就像纽约证券交易所或纳斯达克市场一样。

享乐定价出现了,它是另外一种对非交换的物品进行估价的方法。享乐定价认为,我们可以根据评估多少人愿意花钱以获得一片草地或特别的娱乐,给草地和空旷草原估价(例如,在空旷草原上度过一天,而不是忙于在这个区域开发建筑),并且加上所有部分的总和。

应用这种方法来衡量影响力投资的价值,会产生棘手的方法问题。首先,综合价值往往伴随着公众和集体的优良特性。就像草地为候鸟创造了一片觅食地一样,它们通常创造价值,并且所付出代价的人不会独享这些价值。他们还经常需要客户和其他人之间的协调,如饮用水业务依赖于大量非客户维护水源含水层的清洁。

市场和调查还对所揭露大量社会商品的价值产生怀疑,因为对于很多穷人而言,在他们的愿望和支付能力之间存在着巨大的鸿沟,诸如为他们生病宝宝买一顿热餐或找一位医生。仅仅因为一个家庭无法支付一顿来自施粥场的 10 美元热餐,并不意味着他们不重视这顿饭,可能只是手头上没有钱或其他的东西去换取这次服务,尽管对饥饿的家庭来说,这顿饭的价值可能远远超过了酒足饭饱的美食家,后者还在进食昂贵的第四道菜。

一路前行

如果我们不能应用来自主流经济学的工具,那么我们还可以依赖什么呢?一些有趣的进展希望带动更深层次的、更相关的讨论。许多有趣的创新开始出现,其中的几个脱颖而出:

● 一份报告(One Report),以首创精神和相同名字的书籍为基础,设想公司发出一份在一个综合框架中描述企业财务表现和可持续商业活动的报告。这一由商学教授罗伯特·埃克尔斯(Robert Eccles)和迈克尔·科鲁兹(Michael Krzus)首创的方法,所摒弃的观点是,认为一个公司、企业或组织的价值只有在一种统一方式下才能完全被掌握。有些影响力投资者对用结构化资金最大化整体绩效和回报感兴趣,对于他们而言,这个概念与其愿景非常吻合。

● 欧洲企业社会责任联盟(The European Alliance for CSR)发布了一个估值框架,旨在推动企业与资本市场领导者,就企业价值的额外财务方面进行对话。该框架提出了一套超越财务的指标和认可标准,认为企业绩效和价值与企业对社会的地位和影响有着密切的联系。

● 社会投资回报(SROI)网络和海德堡大学的社会投资中心，探讨在整合财务绩效以及社会和环境绩效的投资框架中，如何改善和促进社会回报。多年来，捐助者和一些影响力投资者，在隐语意义上使用短语“社会回报”，而不是实际意义上采用这个短语。然后，杰德领导总部位于旧金山的发展基金(REDF)的工作，1996年，REDF 因出版第一份正式的社会投资回报报告而达到事业巅峰，随后于 2000 年出版一篇方法论论文和相关的文件。[3]这种方法采用一套补充性的、综合性的社会指标，完善了许多经济学家所使用的经典成本效益分析法。其结果是形成一个分析框架，用社会风险比率和综合回报分析为成本效益决策提供信息。世界各地的许多参与者开始标准化地、精确地加速构造社会投资回报框架，该框架为投资者和利益相关者呈现了一份综合性报告，描述了资金能够产生的多重影响。鉴于成本效益分析旨在确定单一投资回报度量标准，最佳的社会投资回报(SROI)工作提供了对资本回报和组织绩效的更全面评估。海德堡的社会投资中心正在开展一项广泛的学术研究议程，研究关于社会投资回报框架的社会方面，其中社会投资回报框架承诺用新的、强有力的方式，补足国际社会投资回报网络以从业者为中心的工作。

● 最近发起的国际综合报告委员会(International Integrated Reporting Committee)——由威尔士亲王批准，正在主流公司和金融服务公司内推进各种各样的实践，以促进更全面的报告实践。

描述综合价值的新方法将需要新的方式来展示。经典的二维风险投资回报的边界曲线，仅仅捕获了财务回报(y 轴)和财务风险(x 轴)。当一项投资的社会影响力变得很重要时，投资者将如何直观地显示其投资组合和投资选择？一种方法是在三维空间中映射投资选择和投资组合，其中 z 轴归纳投资的社会影响力。在这种方式下，一个三维的效率面取代了效率边界。如果一项投资具有创造大量社会价值的机会，那么影响力投资者可能愿意接受这项投资所带来的更多财务风险。[4]

蛛网图也让我们摆脱旧的、二维的风险收益图的限制，以一个综合的甚至是动态的方式呈现多种因素的数据。IT 领域和其他从业人员，从不同的利益相关者那里，征求对组织绩效定性方面的反馈意见(例如，股东、不同层次的管理人员和外界的利益团体)，然后在经济和社会经济指标上呈现这些因素。[5]由此产生的图形，使不同的用户可以探索和争论公司、组织、社区或其他实体所创造的总价值和回报。

还缺少些什么？

最近，随着新方法和新工具的普及，你可能会问：“为什么要对测量大做文章？难道这些新方法不是影响力投资者他们需要的吗？”遗憾的是，糟糕的测量实践不断威胁着影响力投资行业。直到投资者能比现在更有效地衡量自己投资的社会影响力，影响力投资才会吸引大量资本流入。而且，如果没有广泛采用的测量标准和公认的测量提供商，我们就不清楚如何获得这种必要的效率。

标准化的重要性

普遍认同的定义术语，诸如毛利率、净利润、收入和利率，就像水，私人投资者会在里面畅游。在资本市场体系的运作中，它们非常重要，我们有时认为它们是理所当然的，所以就忘记了它们的存在。它们能够使我们很容易地比较财务状况和潜在的投资前景。试想一下，如果每家银行都在以不同的方式定义“利率”，那么当你挑选最好的抵押贷款或储蓄账户时，就会感到无比沮丧。

相反，在目前的混乱状况下，影响力投资市场的投资者和企业家都像是鱼儿离开了水，或者说是像在一个很浅的、肮脏的水池里：我们每个人都进行自己的研究，并进行自己的尽职调查。我们用自己的系统分析投资建议，产生专有的结果，要求投资对象报告我们最关心的、不同的社会指标，并基于我们影响力测量偏好，跟踪不同持久力的结果。

在20世纪初接连参与的两份咨询工作中，安东尼认识到了这种低效性。在第一份工作中，咨询团队花费了30分钟时间与他们的银行客户进行沟通，然后才确定了在接下来9个月内的战略选择比较中采用哪些财务指标。在第二项工作中，在一个为期3个月的项目中，该团队花了3个星期的时间，与联合国客户商讨如何在项目审查时界定和衡量影响力。

想想标准的缺失对影响力投资基金经理会产生多大的影响。几年前，安东尼在一个印度影响力投资基金会上会见十几名投资者，共同讨论基金会管理者应该追踪哪些社会影响力指标。投资者召开会议，以简化基金经理的工作，将他们从每年十几种不同的社会影响力报告书中解脱出来。但是，那时他们已经在会议桌上解释了自己想要跟踪的指标，基金经理被留下来，讨论创造女性就业机会、企业参与、避免碳排放、技术传播到贫穷的农民等问题——没有任何解释这些术语的标准，也没有可接受的衡量方法。

洞悉新的影响力报告和投资标准

幸运的是，投资者和其他行业领导者已经被调动起来，参与设定测量标准。影响力报告和投资标准项目于2009年推出，它组织投资界开发一种通用的语言，描述自己所产生的社会影响力。这些标准是免费的，可以在线查阅。[6] 如果影响力投资者旨在提高贫困人口的健康状态，影响力报告和投资标准定义诊所、医院和患者的含义，以便这些医疗投资影响力报告书的评判标准都是一致的。如果没有这些标准的定义，影响力投资者将在黑暗中摸索，就像我们竭尽全力在不同利率的储蓄账户之间进行选择一样。

标准化定义仅仅是一个开始。通过与日立公司合作，影响力报告和投资标准已经开发了一个系统来创建基准报告，这将让投资者认识到，与自己类似的公司在影响力投资转化为综合价值的过程中，具有相对的高效率。如果没有遵守影响力的标准定义，这个基准就不可能出现。

独立评测标准的必要性

一旦影响力报告和投资标准被采纳，充满活力的投资者就愿意深入了解社会影响力评测，并且能够利用可比的业绩数据来评估不同投资选择的相关特性。但是，高度积极的投资者不是未来影响力投资市场。从投入资本量方面来说，主导投资市场的投资者关注社会影响力，却在评测方法方面未经训练或者对于开发所有权系统不感兴趣。这些投资者需要的不仅仅是评测标准。他们需要第三方公司愿意解释标准，并且不会过度收费，进而避免影响力投资成本过于昂贵。

我们在与主流资本市场机构的多次对话中，提及独立影响力评测服务的必要性：在私人银行拥有数十亿美元账户的管理者、养老基金管理者、家族办公室投资者和零售金融产品的开发者。随着会谈次数越来越多，他们告诉我们，他们想创造大规模的影响力投资资金，但是，缺乏内行专家的能力，不能确定哪些投资产品能够提供影响力。

最近，在曼哈顿中城区的公司套房内召开了一次有代表性的会议，这是四周用玻璃围住的典型套房，一位大型私人银行的领导者自豪地挽起了袖子，指着在开放式办公室桌边辛勤工作的银行家团队说："我拥有 20 位世界上最好的投资专业人士。他们在开发投资产品方面和其他人一样优秀，但是，他们没有一个人知道如何来衡量社会影响力。坦率地说，我不希望他们去尝试。但是，我的客户对影响力投资感兴趣，并且希望我们为他们研发影响力投资的产品。"这位私人银行家不会去开发自己的业绩评测系统。与许多准备将数十亿美元的客户资产投入影响力投资的同行一样，他希望其他人来判断哪些投资可以创造最佳影响力，从而自己的团队可以专注于投资方案，提升客户资金配置效率。

进入高级全球影响力投资评级系统

全球影响力投资评级系统是一个大胆的、首创的机构，提供独立的、外包的社会影响力评估服务，私人银行家和数百位像他一样的监管人员都需要该服务。全球影响力投资评级系统源自投资者和社会企业家之间的对话，渴望开放影响力投资行业，吸引新的资本来源，这些资本对影响力特别关心，关注点在于是否有足够的影响力从投资商那获得不仅仅是自我报告式的故事，但是，其并不希望自己成为影响力评价专家。

全球影响力投资评级系统以信用评级机构为模型，但是，在结构上避免所面临的利益冲突和挑战，为投资者提供了低成本获得对某项投资所产生社会影响力的可比较和透明的评估方式。基金经理及社会企业可以收到全球影响力投资评级系统的影响力评级，而投资者可以考虑全球影响力投资评级系统的潜在投资评级，然后才决定是否投资。全球影响力投资评级系统并不能取代投资者的尽职调查，或者说，那些在社会影响力评测方面的资深专家也不会失业。对于一些投资者而言，全球影响力投资评级系统的评级是他们影响力投资尽职调查的起点，而不是终点。但是，全球影响力投资评级系统（并最终形成一系列竞争对手的系统和方法）对于开拓影响力投资领域是关键性的一步，许多其他投资者乐于让外界的专家来进行这些评估。

我们如何去那里

我们不是第一批认识到社会价值测量重要性的人，也不是第一批认为需要建立一个具有通用标准和独立测量能力系统的人。我们不得不为每次投资重新创造新的测量工具，很多人和我们一样，对此感到沮丧无比。很多人都感到了无处不在的不确定性，不清楚我们是否真的创造出了自己所寻求的影响力。幸运的是，经过多年的试探磨合，影响力投资者和社会企业家似乎决定该针对这种情况做一些事情了。

测量活动原则

我们无法准确地预测如何将不同的努力最终结合在一起，从而创建一套有效的测量体系。对于我们所需要构建的，或者我们将要构建的，也没有任何神奇的方法。但是，由于测量活动的演变似乎还在进行，因此我们提出了该活动所要遵循的原则，以及可以采取的大致路径。

为用户设计，而不是为专家设计

成功的评测活动应该是为用户设计的，而且在适当使用定量分析时，应该时刻保持头脑清醒。这需要找到平衡点，以确保其严谨性和可行性，同时，要建立在一个完整数据的基础上。

使用测量系统的人一般不会是那些构建该系统的人。通常情况下，设计评测系统的人，有兴趣并且有能力花费数天时间在参数设计研讨会上进行讨论，或者花费数月甚至数年的时间进行系统开发。企业家和投资者忙于做出投资决策或者经营企业，学习关于影响力评测最新文献方面的经验，把它们应用到实际工作中。那么，我们如何确保测量社会影响力的方法对最终需要使用它们的投资者、企业家、监管机构和客户有意义呢？

用户和创作者有共同的责任来达到平衡，将来自其他专家社区的最佳想法与促进合规的实用性结合在一起。对环境无害的绿色建筑领域，是一个有关运行的很好例子。多年来，工程师、建筑师、环境科学家组成的专家团队共同工作，为建筑开发商和管理者提供各项建议，明确应该采取什么样的措施，减少其对环境的影响。当一名客户现在对他的开发者说“我想新的办公室应该是绿色环保的”，开发商没有必要成为一名环境专家，了解什么样的地板、什么样的屋顶上瓦片和窗户，是满足客户环保要求的。绿色建筑正在成为主流，因为现在有了独立和容易采用的标准，可以让人们和公司不必成为绿色建筑专家，就可以进入绿色建筑领域。

正如一位投资银行家在影响力投资会议上对与会者所言，“我们首席执行官不知道绿色建筑标准是什么，但是，他确实知道，我们新总部大楼将获得绿色环保建筑金奖”。与此类似，纽约市玻璃办公室中的私人银行家并不想成为测量投资社会影响力的专家，但是，他确实希望将其客户的资金投入影响力投资，外部专家会验证该投资将产生的综合价值。

头脑清晰且不被光芒蒙蔽

确定综合价值比衡量财务回报或环境影响更加复杂。对于处理诸如健康医疗、饥饿、青少年发展和教育等重大问题，过于简单的量化肯定是危险的。我们可以计算的那些事情——接受治疗的患者、膳食服务、学生考试成绩——永远无法完全描述某种干预对社区或个人生活轨迹的影响。例如，护士对贫穷的患者表达出尊重，会在她自己或社区的社会健康的复杂系统中造成连锁反应。护士的影响力不能被简单描述为一个单一数字。此外，很多人可能对比较两家医院社会影响力的评级感到满意，但是，在评估这些医院相对于食品分销企业或低收费学校的有用性时，他们对于评估所需的价格判断并不满意。

但是，有时复杂性和细微差别可能会让我们瘫痪。我们需要避免过度裁员，然而，也需要支持裁员的力量，进而有助于引导我们的投资决策。没有任何一个系统能够完全捕捉社会变革工作的所有细微差别。但是，我们并不需要完美；我们只需要一个系统，能够有效地让我们在创造综合价值的投资中更好地配置资源。量化分析是激发效率的一个关键性因素。但是，“衡量影响力”不仅仅需要“计算产出”。我们需要开发更好的分析系统来捕捉综合价值中的定性成分，同时跟踪重要的定量结果。

平衡性和透明度

影响力评估的场所并不是肤浅的地方。每一个测量系统都受两种观点的影响力冲击，一些批评者认为这太肤浅而不能确保社会影响力，另一些则认为这太繁杂而不能很好地实施。随着资本注入影响力投资的增多和监管机构关注力度增强，这种批评风气只会越来越强。最后，最好的系统很可能没有人喜欢。它们会非常严格，足以对社会企业家和投资者形成挑战，让他们花费更多精力，但却极其实用。

通常情况下，当你预料某个产品无法吸引潜在客户时，研发这样的产品并不会是一项成功的策略，但是，在影响力测量的领域，打破这种平衡也是注定要失败的。太多系统的影响力投资由于社会影响力的举证压力而出现举步维艰的情况，它们面临着昂贵的成本，还承担分散影响力业务管理注意力的风险。另一些则让这个过程变得特别简单，如果他们能够拿出一份满意客户的案例，或者签署一份声明，就让投资者和公司宣称创建了影响力。

对于不同影响力投资的相对价值，智力上存在的困难以及道德上存在的有争议判断，是综合影响力测量系统不可避免的特征。不是每一个投资商都会同意这些判断，但是，如果他们知道如何做出这些判断，将更愿意接受它们。专有的黑匣子算法不是一种成功的方法。透明度是被日益滥用的术语，但是，它是成功影响力评测系统的试金石。

建立在数据完整性的坚实基础之上

如果没有健全的数据作保证，任何一个社会影响力评估系统都不会取得成功。

没有坚实的检测和报告系统，我们就无法对报告有真正的信心，无论是定量报告还是定性报告。但是，谁应该为数据的完整性埋单呢？

我们需要从组织和产业的层面得到答案。许多社会企业家认为，如果那些“新增款项”需要数据，就需要为创建可以收集和校验数据的系统埋单。然而，一些影响力投资者只愿意接受其他机构支付的测量和验证系统。更糟糕的是，我们听说一些投资者将自己在关注社会影响力衡量时的相对标准作为潜在投资对象的卖点，而该对象的其他潜在投资者坚持严格的影响力衡量标准。

最后，数据完整性是行业范围内的公共利益，每个对未来影响力投资领域感兴趣的人都需要认真管理。公共宣传和行业层面的动员需要确定影响力测量的中心地位——作为参与投资的先决性条件。审计与担保公司迫切地希望提供验证服务，部分原因是作为企业责任的承诺，部分原因出于认识到社会影响力审计可能会成为重要的业务。主要投资者、企业家和政府监管部门可以利用这种兴趣创造工具，从而为影响力投资行业奠定坚实的数据完整性基础。

自我改善而不是自以为是

我们无法确切知道，哪些通用标准和测量系统会在未来几年内取得成功，但是我们确实知道，它们都有一个共同的特征：它们中的任何一个都不会完美无缺。随着时间的推移，它们都需要改进和修改。因此，当我们参与这个共同的旅程时，让所有人都保持一定程度的自卑和谦逊。

遗憾的是，在许多轮影响力测量争论中，追求完美都成为测量专家的敌人，因为测量专家追逐所有人都可以接受的魔法防弹指标和实践。相反，我们需要一个连续性的“拨入”过程，因为集体经验和探索告诉我们，实践需要随着时间而不断演进。我们必须开放，不断尝试新的方法，汤姆·彼得斯（Tom Peters）称之为“转败为胜”。我们都必须承诺继续前行，即使最初的报告结果对我们公司或方法创造价值产生了不利影响。再一次声明，只有公开透明的信息管理和报告系统才能使我们能够理解和批评过程和结果，以确保它们的改善。

利维坦兽从评测深渊中升起

在对测量的讨论过程中，我们强调了标准化的中心地位。但是，由于竞争性的标准和测量系统在行业内吸引人们的关注并被采用，而该行业的人们之前缺乏协作，在这种情况下，我们如何确保掌控这些标准系统？零散、混乱的影响力投资行业需要一头利维坦兽。在神话中，该怪兽从海中升起，为混乱的世界维持秩序。政府投资基金和大量私人资本的管理者在承担该角色方面有着很大的责任。

过去，政府成功地发挥了这种协调作用。一般公认会计原则（GAAP）最开始作为会计行业制定标准的运动。但是，美国政府最终决定将这些标准赋予标准法律地位，使它们成为美国和全球众多公司的共同标准。承担这个标准制定的角色，是政府可以做出的重要贡献，有助于促进生产性影响力投资行业的广泛发展。

除政府之外，我们希望资产所有者围绕一个可能成为行业标准的系统进行合作。

测量系统必须是用户驱动的，通过业主的持续反馈，最终负责搜集影响测量数据及其客户情况。但是，业主和客户无法像促进该行业发展的资产所有者那样，高效地围绕标准组织活动。投资者可以告诉投资对象使用什么标准；而投资对象通常不会采纳这种建议。今天，很少有投资者的规模可以让他们承担起行业组织者的角色。但是，投资者开始通过行业协会集聚，如全球影响力投资网络投资者委员会，这样有助于具有规模的、足够大的投资者之间的协调活动，以制定一项行业标准准则。

推进标准发展：创建高性能的共同未来

想象一下，衡量社会影响力的高效系统，会对我们在本章描述的人产生什么样的差异：

- 埃哥亚基金的代表能够让那些昏昏欲睡的学生听众感到震惊，他们描述了投资产生的社会影响力，与自己追求的财务回报一样，都令人感到信服。

社会影响力的基准测试

布莱恩·崔尔斯塔德(Brian Trelstad)，

智者基金投资总监，纽约州纽约市

开发部门的大多数测量和评估都是落后的，就像是解剖尸体一样：非常具有侵入性，往往也没有定论，肯定来不及帮助病人。相反，我们需要一个平衡的和及时的方式，我们提供一系列信息，如客户体验怎么样，以及大家对管理层的反馈意见。

在智者基金，我们在开始投资后不久就看到，财务回报不可避免地主导了我们对投资的理论，只是因为它们是可以直接衡量的。可以这么说，社会影响力指标需要有类似的说服力，让我们知道自己正在获得为影响力投资的价值。

良好的指标能够让关键数据点讲述令人信服的故事。对于所发生事件相关的公司潜在绩效或所服务的人群状况而言，我宁愿采用较少的且令人信服(准确的)数据，也不愿采用大量的但对相关事件一无所知的数据。但是，仅仅依靠叙述，需要企业家或投资组合经理全面了解投资状况，才能做到正确无误，而且这种直觉的大小存在一定的限制。

我们需要一个数据收集系统，可以让我们使用简单的方法，掌握自己的投资，并且弄清楚事情是否处于正轨。2006 年，我们与谷歌的志愿工程师合作，建立了一个运作系统，并且于 2007 年 4 月投入使用，运用到年度的投资回顾中。它运作良好，并帮助我们生成了一份较为全面和综合的财务报告，涵盖了我们投资的财务、经营和社会绩效方面。

但是，系统仅仅告诉我们投资组合中投资部分的情况。在我们投资组合中的 35 项积极投资存在着巨大差异，以至于我们无法以一项投资的社会绩效作为基准来衡量另外一项。我们不能有效地比较一家医院、救护车公司和保险供应商的社会绩效。无法以同业基金或独立核实的影响力投资为基准，怎么阐述都不是太好。

我们意识到，如果我们像其他投资者一样，在市场上采用相同的测量标准，那么也许能够创建基准市场。例如，我们能够把在印度的生命源泉(Lifespring)投资与其他连锁妇产科医院做比较。

最初，为了构建社会影响力基准模块，我们重建自己的数据管理系统，使其成为其他投资者可以使用的普及性工具。现在，2011年年中，其他40位影响力投资者使用被称为脉冲(Pulse)的工具。我们还与其他影响力投资者合作，制定出一套报告和投资标准。这些标准为我们定义自己的测量方式创造了一致性，这是促进基准构建的关键性输入。

开发Pulse和IRIS，需要大量的协作。我们还将之引入一些主要的影响力投资基金，例如，E+公司，草根资本和草根业务基金(Grassroots Business Fund)，让它们在整个开发的类别上共享自己的观点。我们从综合型市场学到了很多，在过去的几年里，它一直在使用相似技术收集小额信贷银行的数据。信任和友谊使我们可以协同工作。

我们惊喜地发现，有很多行业领导者愿意进行尝试。另一个惊喜是，人们的反应非常快速，表示他们将愿意采用这种新的方法。例如，脉冲采用增长近1倍，我们认为这只是在第一年的增长速度。

但是，许多人仍持怀疑态度，数据最终将以对他们有意义的方式进行汇总，并且值得为之付出努力。一些勇敢的早期采用者撇开这种怀疑，采用该系统，并创建自己的数据。我们形成强大的业务流程，管理和报告那些共享的数据，使它们对基金经理更有价值，这时，我们才算真正开始了。

● 与杰德交流沟通的影响力投资者，所利用的工具会将其量化的严谨与自身的情感本能融为一体，而不是迫使他在做出投资决策时放弃其中一方。

● 曼哈顿的私人银行家将会启动自己的影响力投资资金，因为他能够借鉴像全球影响力投资评级系统这样的公司所提供的社会影响力评估，得到业内人士的建议和意见。

建立这个系统并不容易。它将需要平衡、整合和宽容行为。如果你是一名影响力投资者，那么需要投资公司提供的就不只是几张照片、原始数据或者是有关社会影响力的故事。如果你经营一家社会企业，那么需要将影响力衡量作为一种改善业绩的机会——而不要自以为是地把它看作做生意强加的税款。我们所建立的测量系统，应该足够严格地处理问题，并且在执行时足够实用。我们需要尽可能量化那些可以量化的东西，但是也不要忽视那些无法用数字来描述的价值。

如果这听起来令人生畏，那么请考虑替代方案。影响投资者可以继续在当前所处的浑浊水坑中游泳，其中，投资者和企业家们努力做出自己的判断，不互相学习，并且观察获得更多主流资本的奖项就像谚语所说的“彩虹尽头的一罐金子”[1]一样，仍在持续减少。

〔1〕 金子象征成功，但彩虹无尽头，无法走到尽头。这句谚语意为很难获得的成功，或很难实现的理想。——译者注

第九章　如何解锁慈善资本
——基金会总资产管理

● 20 世纪 90 年代末，总部位于纽约的 F. B. 希伦基金会(F. B. Heron Foundation)的董事会提出了关键性问题：几十年来，美国私人投资公司使用自己的"盈余性现金"支持慈善事业，大多数基金会都采用了这样的模式，难道基金会应该与这样的投资公司一样吗？它难道不应该使用每一项自己掌握的工具追求自己的机构目标吗，包括捐赠所产生的投资？对此，基金会已将其 30%以上的总资产转入影响力投资中，同时，财务回报持续超过大多数同行。

● 几十年来，凯洛格基金会，美国最大的私人基金会之一，捐赠数百万美元以改善美国儿童的健康。最近，它试图想弄清楚来自捐赠基金的营利性投资如何弥补其捐赠和其他赠款。2008 年，它启动了一项价值 1 亿美元的使命投资实验，进行可以促进其社会使命的营利性投资。在该基金的许多交易中，它为总部位于加利福尼亚州为 2 万多名学童提供健康膳食的革命食品(Revolution Foods)公司提供了一笔 50 万美元的流动资金。尽管该公司存在季节性收入来源和政府补偿的延迟问题，但是，此信用额度已经使该公司规模得以发展扩大。

● 当瑞士商人约翰·麦考尔-麦克贝恩(John Mc Call-Mc Bain)把注意力转向应对气候变化时，就像他之前的很多慈善家所做的那样，他寻求有价值的承授人，他在欧洲倡导力图阻止新燃煤发电厂发展的运动，并且做出了很大贡献。但是，他也承认，现有燃煤发电厂是温室气体的主要排放源。他所倡导的运动对减少废气排放的作用很小。但是，作为一种选择，可再生能源的作用却很大。因此，麦考尔-麦克贝恩利用自己的营利性投资基金帕莫加资本投资 1 000 万美元，帮助利比里亚建立一家加工木材屑的企业。这家营利性企业将旧橡胶树转化为发电厂的可再生燃料，减少现在的碳排放量，与此同时，倡导活动还在为更加绿色的未来而努力。

在最近众多影响力投资改变近百年来私人慈善模式的例子中，这些只是其中的三个例子。不是专门围绕这个问题进行组织，"我们如何更好地捐赠?"基金会和个人开始发问："我们如何使用自己的全部资产，以最有效地应对社会和环境挑战?"对这个问题的回答，正在让很多人重新围绕以整合方式最大化综合价值。[1]

以盈利为目的的投资能直接促进一项基金会使命的完成，并且影响力投资不需要破坏财务绩效，在此前提下，现在完成一项基金会的使命，需要的不仅仅是组织最有效的赠款计划。越来越多的慈善家已经意识到，他们不能只作为资助者，被当作慈善机构的自动取款机，仅靠提供 20 美元账单来帮助一些人，他们在关键的时候，特别是在经济紧张的时期，需要的是工作。用一句老话来形容，"如果你唯一的工具是赠款，那么整个世界就会是一个慈善机构”，但是，如果你的工具从赠予拓展到债务和股权投资，那么你也许能够建立一些新东西。

虽然这种方法很容易描述，但是很难实现，并且在实现时没有唯一的正确方法。采用一项综合性影响力投资策略，需要基金会和个人慈善家接受一种新的商业模式，发挥强有力的领导，对抗那些持怀疑态度的组织和机构，后者往往在维持现状中获利。基金会需要一种新策略，可以高效地部署、监控和沟通多方面投资组合的绩效，而这些投资组合包括但不限于资助。这个愿景包括金融和额外金融资产，诸如社会资本、智力资本和号召力。考虑到这本书的主题，我们将聚焦于金融资产配置部分，并参照基金会总资产管理(total foundation asset management, TFAM)中的方法。

本章介绍了 TFAM 所开创的新可能性，以及慈善部门在利用它们时所面临的挑战。基金会和家族管理者都在推进影响力投资创新中发挥着独特作用。每个人都在看到它们变得更加高效。话虽如此，仍需要全面了解他们面临的挑战，以及在接受影响力投资承诺时所开发的创新成果。本章不是专门针对少量的基金会管理人和受托人。我们不会提供实施这种新策略的技术指导(其他书中已经描述那些技术指导，并且我们在延伸阅读部分也参考了相关内容)。相反，我们希望，任何对社会释放更多资源以解决日益复杂和严峻社会问题感兴趣的人，都能在这里找到具有刺激性、实用性的想法和工具。

交互式慈善事业的传统方法

从历史上来看，几乎所有捐助者都围绕着如下两个假设把自己组织起来：(1)在投资决策中关注社会因素会削弱财务绩效。(2)追求慈善使命的唯一途径是提供赠款或资助慈善项目。

如果这两个假设是成立的，那么最大化社会公益慈善资产，就是一个相对简单的过程，包括两个步骤：(1)将所有资产投资到主流的、商业市场项目中，不考虑其社会影响力。(2)把这些投资带来的财务盈余拿出一部分，把它们作为资助，或者把它们花在项目上。

现代慈善事业的百年历史中，大多数捐助者都会采取这样的做法。

如无意外，当捐助者讨论自己所创造的社会福利时，他们关注的重点是自己给予的补助数量。慈善事业的概念作为一组慈善交易，是一种被杰德称为“交互式慈善事业”(transactive philanthropy)的方法。交互式慈善事业把捐赠者视为赠款来源，总体而言，让那些参与慈善事业的人负起责任，只是为了把他们的钱用在提高能力和效果上，而不一定是要他们对影响力投资负责。

交互式慈善方法的组织含义非常清晰。传统基金会故意将问题分立开来：“计划人员”决定哪些潜在的受助人应该接受捐赠，独立经营公司中的投资专业人士或外部基金经理决定如何投资基金会的资产。项目的每一方都有明确和独立的行政指导：项目工作人员负责最大限度地发挥赠款的社会影响力，而期望投资专业人员最大化捐赠的长期规模。一般情况下，计划人员认为营利性投资在道义上存在可疑性，或者认为其与使命无关；投资人员认为社会使命会分散注意力，并会威胁到财务回报。双方很少互相交流，通常向不同的董事会委员会进行汇报。

个人捐助者很大程度上模仿了这种结构。几乎所有的高净值家庭都在相同的分立心态下运作。他们将资产配置给投资顾问，让其负责最大化资本增值，然后在考虑做出捐助决策时，将财务因素排除在外，有时遵循慈善事业顾问的单独指导。（尽管下面的大部分讨论都是从机构慈善事业角度出发的，但是，批判性、替代性策略和建议工具，同时适用于个人和家族办公室，这是影响力投资领域内创新和变革不断增长的源头。）

交互式慈善事业几乎完全依赖赠款，大大限制了为社会目的而配置的资产。大部分基金会捐赠监管所规定的最低额度（在美国，每年占其总资产的 5%），同时管理大部分金融资产，单纯追求财务业绩。对于采纳 5% 支付规则的基金会来说，这意味着对于基金会所持有的每一美元，每年将有 5 美分用于实现其使命。通过捐赠基金投入的剩余 95 美分保持中性，或者实际上可能会削弱机构的使命，如当基金会使用赠款以资助禁烟计划时，它的捐赠款却在投资烟草公司。

新机会：基金会总资产管理

只要我们认为赠款是创造社会价值的唯一途径，并且相信如果投资者将他们创造的社会影响力考虑在内，财务回报将会受到影响，那么交互性慈善事业就是有意义的。但是，影响力投资正在颠覆这两种假设。对越来越多的捐助者和受托人来说，“95/5”这种初级数学并没有任何意义。这是造成 F. B. 希伦基金会托管人开始怀疑自己真正目的的原因。

必须明确的是，有效的赠款永远是慈善事业的一项重要工具。以盈利为目的的投资及其支持的企业，无法单独解决所有的社会问题。然而，仅仅在整个慈善部门组织一个基金会，只关注其配置的一小部分资产，这是慈善资产管理绩效不佳的策略。

很明显，我们需要一项新的策略，以使基金会考虑如何最好地配置自己的全部资产，来完成使命。基金会总资产管理描述的就是这种方法。基于其他人的成果和努力，该框架重新设计了慈善事业的潜力，在拨款预算紧张和需求增加的时代，其吸引力越来越强。该策略扩展了资金来源和基金会的投资工具。它也可能改变我们对今天和未来慈善事业的结构和领导要求的理解。

考虑两个假想的基金会，均以无家可归者和社区发展为重点：

● 基金会 A 拥有 6 亿美元的捐赠。它采用交互式慈善事业战略，每年捐赠 3 000 万美元，把剩余资产用来投资，并不考虑它的使命。

● 基金会 B 拥有 4 亿美元的总资产。它采用基金会总资产管理战略，每年捐赠 1 500 万美元，还向住房开发非营利组织额外提供 500 万美元的特许贷款，并从捐赠基金中以市场利率向影响力投资项目投入 8 000 万美元，用于保障性住房项目和社区发展债券。

哪一个基金会运行得更好？哪一个有更多的社会影响力？哪一个分配其资产更明智呢？

对这些问题，我们没有任何简单的答案。正如我们在前面的章节中讨论的那样，测量投资对社会的影响力，是一个复杂的和新生的科学和艺术。但是，如果他意识不到哪些是可用的工具，那么任何一个基金会都无法优化其整体性资产回报。我们首先对这些投资工具进行概述，然后再考虑领导和组织所需的挑战，以有效地应用这些工具。

战略性慈善事业

影响力投资更看重投资，而不是捐赠，我们也将在这里重点讨论这些额外的工具。赠款，作为一种基金会的核心慈善方式，如果没有采用有效的战略方式进行管理，那么影响力投资策略将会建立在散沙的基础上。一个有效的基金会，必须为慈善捐款制定并执行一项深思熟虑的战略方针，这也许会被看作非营利性的社会资产投资。无数的书籍、其他资源和会议都会涉及与此主题相关的观点和实践，我们这里无需重温它们。但，正如我们后面进行的讨论，有效的慈善事业是 TFAM 统一投资方法的关键部分，我们在加速推进影响力投资工具时不应忽视它。

项目相关投资

除了赠款之外，基金会总资产管理者第一个正式可用的工具是项目相关投资——1969 年《美国税收改革法案》正式提出的。通常简称为 PRI，最初一般是向非营利组织提供无担保的、低利率贷款。[2]现在，它们涵盖了广泛的领域，但都集中在教育、环境、文化和艺术、人性化服务、健康和教会支持方面。它们还包括日益多元化的投资工具，从传统的贷款和贷款担保，到公司直接股权投资，再到参与风险投资和私募股权投资基金。在美国，PRI 有着正式的定义和描述，采用 PRI 的基金会越来越多，就像全球其他地方一样。仅在美国，超过 120 个基金会报告称，2007 年新增 PRI 为 3.91 亿美元，而 10 年前 89 个基金会报告为 1.48 亿美元。

PRI 在使用它们的基金会中表现出了几个优点：

● 它们允许基金会回收利用有限的补助资金，因为如果投资顺利，投入的钱将返回到基金会。

● 它们使基金会能够支持更大的资本项目，而不是单纯的赠款。

● 当 PRI 遭遇到“首次亏损”的情况时，它们可以利用商业资本补充基金会资产，从而降低其他投资者的风险，诸如银行，并为那些结构为纯粹的慈善事业或纯市场利率投资的交易提供可能的融资，否则其将终止。

● 它们使基金会能够履行监管义务，并在交易中将资产用于社会目的，而且这些交易所动用的资金通常比典型赠款更多。这在像美国这样的国家是有利的，因为基金会需要每年为慈善贡献最低限度的总资产，并且 PRI 有资格履行该义务。

● 它们可以被结构化为“可转换票据”(convertible notes)，即初始 PRI 是一种高风险的贷款，如果风险达到一定的社会和经济绩效基准，那么投资者就把它们转换为股权头寸。

PRI 还可以使接收组织受益，通过：

- 使它们能够利用长期资金来源——比多个短期捐款更加稳定和高效。
- 通过债务管理，建立组织机构信用评级和管理能力。
- 有可能将它们释放出来，为计划和项目提供更多重要的支持。

PRI 可以是赠款的一个强有力的补充，但是，它们也不是没有缺点。只有少数基金会可以有效地使用 PRI 工具。由于交易型慈善事业传统上将投资专业人员与计划人员相分离，因此大多数基金会计划管理者都没有接受过培训，无法评估借款人的潜在财务风险，也无法管理投资组合。

许多 PRI 接受者也不善于管理贷款和投资。之前，仅仅依赖赠款的非营利组织可能也没有与投资者进行谈判的经验。他们可能缺乏专业知识，无法预测和管理商业投资失败或房地产交易的风险，这可能威胁到他们正在进行的慈善活动。此外，基金会投资者可能会制定协议条款或业绩要求，这会增加非营利组织的压力，让它们专注于财务回报。

与捐赠基金使命相关的投资

PRI 提供了一种工具，可以将本用于赠款的资金，进行符合慈善分配要求的投资。但是，基金会另外 95%的资产，即那些投资主要是为了产生财务回报的资产，又怎么样了呢？基金会总资产管理人员通过与使命相关投资进行更具颠覆性的创新，可以使这些资产运转良好。

与使命相关的投资，源于影响力投资可以产生稳健的财务回报。基金会捐赠的资产被投入旨在获得更高市场收益的财务回报以及强大的社会影响力的投资——往往与基金会的使命相同。随着传统的和新的基金会接受这种方式，与使命相关的投资跨越了资产类别、地区和社会问题，从凯洛格基金会贷款给美国的学校食品公司，再到约翰·麦考尔-麦克贝恩投资利比里亚的可再生能源公司。2007 年美国发起的"更多使命"(More for Mission)运动旨在促进和协调这项活动，截至 2011 年 4 月，共有 95 个基金会参与，总资产达到 370 亿美元。

对与使命相关投资的兴趣正从无到有蓬勃发展，最初，大多数基金会都是尝试性探索，而不是迅速跟进。但是，即使是小规模的尝试，仍然可以启动大量的资金，因为与使命相关的投资是从捐赠资产中提取的，其中捐赠资产通常是每年拨款预算金额的 20 倍。例如，凯洛格基金会初次涉足与使命相关的投资时，尽管保持 99%的捐赠资产不变，但是仍然拨出 1 亿美元。如果美国基金会承诺至少拿出它们捐赠资产的 5%用于影响力投资，那么它们将创造一个 30 亿美元的投资池——与整个美国风险投资行业的规模一样大。

贷款担保

基金会也可以通过贷款担保而不是直接投资利用他们的资产。在担保安排中，基金会承诺去承担非营利性组织或社会企业的贷款违约风险。更重要的是，担保无需为超出其预定的潜在责任而让基金会付出更大代价。通过担保，基金会可以让社会组织接受它们之前可能没有资格获得的低利率贷款或信贷。盖茨基金会已拨出3亿美元用于担保。在这项计划下的一次早期交易中，盖茨基金会为非营利学校的特许经营者KIPP的1 000万美元贷款提供担保，以建立更多学校设施。这使KIPP的银行贷款利率降低了3个百分点。通过在贷款期内保证非营利性组织（当然，还有它的捐助者）1 000万美元的利息支付，担保提供了与数百万美元等价的社会效益，并且盖茨基金会没有付出什么代价——只要KIPP偿还其贷款。

将传统社会责任投资加入组合

虽然影响力投资的主要工具专注于私募股权和债务交易，但是大多数基金会将继续持有公开上市的股票资产。基金会领导的意图是，从他们所有资产中挤出最多的综合价值，可以将社会责任和可持续投资原则应用于这一部分投资组合中。这些原则也可以用于基金会特定的重点领域。赠款计划旨在解决肥胖流行病的基金会，可能会选择退出其主要业务是销售休闲食品和苏打水的公司。同样，赠款计划旨在促进获得清洁饮用水的基金会，可能会加入股东的倡导性运动，敦促管理者考虑其工业用水对当地社区的影响。如果不能在捐赠基金和拨款优先权之间建立这些关系，可能会导致令人尴尬的问题，正如盖茨基金会在2007年所遇到的情况，那年《洛杉矶时报》上一篇文章使用其投资控股的公开数据，质疑其投资的做法正在破坏自己的赠款目标。

回报的本质：超越非此即彼的绩效定义

为了探索这种令人困惑的新慈善工具全貌，许多考虑影响力投资的基金会，发现它有助于将投资选项分为低于市场利率和市场利率两类。F. B. 希伦基金会绘制了一张有影响力的图（参见图9.1），该图是投资总监路德·拉金（Luther Ragin）最先绘制的，通过在页面上区别这两类投资，列出了一系列财务风险的投资选择。在这种方法的基础上，社会和环境影响力监控机构，引入了“社会优先”和“影响力优先”的语言，描述影响力投资者的不同动机，有些愿意做低于市场利率的投资，有些不愿意在财务回报上妥协。这种语言已经被其他报告，如由洛克菲勒慈善顾问机构（Rockefeller Philanthropy Advisors）发行的《影响力投资者的解决方案》（*Solutions for Impact Investors*）和2010年帕台农神庙集团（Parthenon Group）和桥梁风险投资公司（Bridges Ventures）发行的《影响力投资》（*Investing for Impact*）所使用。[4]

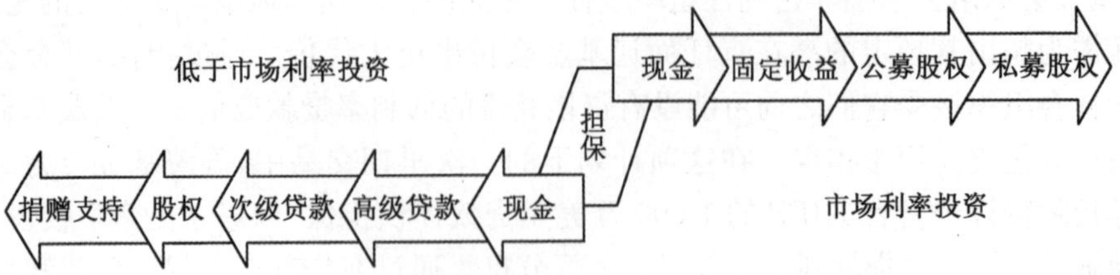

图 9.1　F.B.希伦基金会与使命相关投资谱系

在传统思维模式中，假设价值的财务和社会部分是独立和竞争的，这种语言一直是非常有用的桥梁，就如何配置影响力投资基金进行了讨论。但是，这种分离式做法最终证明，对那些寻求充分利用 TFAM 力量的人们存在限制。我们需要将这种方法推广到对资本结构和绩效更全面的理解。统一的投资框架不是将投资选项划分为"融资优先或影响力优先"或者"低于市场或高于市场"两部分，而是根据多种财务和社会绩效评估每个投资选项，然后构建一个投资组合，对其优化以达到整体绩效的满意特性。

我们对投资资本绩效的理解，最终超越了一套人为的经济和社会利益之间的权衡。相反，在未来，我们会看到，投资组合的绩效衡量标准，包括大量资产类别之间的分配，每个资产类别为投资者和利益相关者提供多重的、综合的收益。

实施基金会总资产管理的挑战

所有这些听起来都像常识。但是，我们在基金会工作并且与基金会有着密切的工作联系，所以都知道，TFAM 方法具有明显的颠覆性。基金会部门主要被锁定在传统的商业模式和领导模式之下，上述模式适合基金会更狭义的观点，如慈善捐赠者。即使大多数新基金会倾向于默认为交互式慈善模式。打破这些既定的经营方式，需要深邃的目光和耐力。至关重要的是发展一种完整的组织结构，扩展基金管理人员的技能和视角。

如何组织整合式基金会

基金会总资产管理需要一种整合式组织，使管理者能够顾及两类组织的资产负债表，在补助和投资之间建立理性连接。就短期而言，在大多数情况下，消除项目工作人员和投资人员之间的壁垒是极具突破性的进展。相反，一些基金会寻求通过独立第三方影响力资产投资，建立一种扩展性组织架构，保持最传统的投资和赠款现状。通常情况下，他们聘请一位专业影响力投资经理或顾问，而不是利用现有员工来改变他们的运营。这种方法可以让该机构测试管理结构，并建立组织能力，同时最大限度地减少对现有系统所造成的干扰和威胁。

早期的开拓者研究和开发一系列创造有效组织架构的方法。许多人公开了自己的运作过程和方法，并希望帮助同行采用相似的方法。公开发表的研究成果为建立类似的计划提供了详细的执行方案。此外，各种影响力投资咨询公司、影响力投资市场、基金中的基金平台和行业专家挺身而出，支持那些有兴趣最大化其工作和资本价值的实践。

但是，仅仅当投资和赠款在组织上成为一体时，TFAM 才能发挥全部力量，使影响力投资与基金会或家族办公室整合的商业模式在拨款和投资之间建立一条良性的反馈环路。影响力投资可以阐释，采取哪些举措来执行一项社会议程和赠款，可以识别新的市场投资机会。在凯洛格基金会，革命食品与使命相关的投资，使赠款员工更清晰地理解了监管改革，改善了学校健康食品的供应能力。这种理解导致他们在这个领域转变了宣传计划。与影响力投资计划跟踪社会影响力并管理风险的相关纪律，通常也会为赠款提供新标准。有效的赠款能够清楚地说明，投资者产生真正的社会影响力，而不仅仅是自我感觉良好的故事。

虽然很少有人轻易放弃自己的房间，但是，当墙壁倒塌时，他们有时会发现自己的新房间容纳了更为宏伟的抱负，因为新室友变成鼓舞人心的朋友，而不是提出不合理要求的侵入性陌生人。

如何寻找未来的基金会领导人

正如 TFAM 需要一套新的整合组织能力一样，它还需要一种新型的基金会领导人。在交互式慈善模式中，人们为慈善领导人执行有效的赠款策略进行庆祝。这种情况应该不足为奇，如今，基金会拥有很多来自学术界和非营利部门的聪明人士。但是，采用一种整合策略来配置基金会的所有资产，需要我们之前提到的颠覆性管理者来领导。高效的基金会执行官把丰富的经验和对非营利性组织的承诺，以及做投资决策时的技能和自信结合起来，该项投资决策旨在改造资产和个人、机构以及系统的能力。他们的整体形象更接近于创业领导者，而不是机构管理者。

我们在哪里可以找到这些突变型领导者？不太可能出现在传统的基金会中，因为那里大多数领导者都不愿意走出自己的领域。然而，他们也不太可能在许多成功的商人行列中被发现，因为那些商人在他们的注意力转向慈善工作时，经常展现出傲慢和过度自信。由于影响力投资创造综合价值太过复杂，以致无法应用在传统职业生涯中所学到的简单方法。

与慈善翼龙或充满激情的企业食肉动物相反，新突变体具有杂食性的觉悟，构想和实施能产生综合价值的整合投资策略。在经营公益性企业、教育机构或领导环境正义倡议方面的经验，在未来将会成为管理繁荣的营利性公司的成功之道。但是，这样的承诺是不够的。这些领导者还需要了解，如何使用影响力投资新工具包中的所有投资工具，并将应用到传统投资者和慈善家只能向往的层面，观察对社区的影响。

在传统的基金会和企业领导人的聚会上，很少有突变型经理人，但是，这并不意味着他们不存在。他们是影响力投资森林的生物，通常在边缘市场出现。在那里，他们领导着创新的投资资金和社会企业。在顶尖的商业和公共政策学院，越来越容易找到他们。现在，人们经常看到他们攀爬巨大金融城的墙壁，逃到黑暗的森林中，创造一种新的综合性未来，最大化他们技能的影响力。基金会释放自己全部资本力量的程度，主要取决于我们如何有效地发现并且培养这些经理人。

如何判断基金会做得好不好

凭借整合性组织和有效的领导力，未来基金会能够利用其所有资产，以实现其使命。年度赠款预算额度和精明的资助策略，仅仅成为理解基金会成功的一个组成部分。正如我们在第八章所提到的，一套全面的测量系统即将出现，将有助于我们评估公司和社会企业，推而广之，可以评估投资资本的综合绩效。这些对评估基金会也很有用。基金会将能够管理所有资本的统一投资组合，这些资本横跨策略性慈善事业、影响力投资和传统商业市场投资，采用实践标准（如之前所讨论过的影响力报告、投资标准和全球影响力评级系统），以及可持续性财务分析（如 Trucost）。其他的工具（如社会投资回报和 Sphere IT）还会加强这些标准和指标。

基金会总资产管理人员需要对整体资本绩效统一分析，将财务回报措施与影响力结合起来。这种统一的方法能够让外部人员评估基金会运营的相关技能，并指导基金会管理者构建由投资和赠款组成的最佳影响力组合。在该行业为这种分析方法制定标准之前，开创性的基金会领导者需要对源自赠款和主流投资方面的惯例性做法进行创新。与其他影响力投资领域一样，它们也需要从分立式世界的双方吸取专业知识。创造综合价值，却单独进行衡量，对于任何一个群体来讲，孤立地完成任务都是非常重要的。

如何建立总基金会

我们已经看到，实施 TFAM 战略是不容易的。这需要颠覆既定的组织和领导方法。即使是最雄心勃勃的新慈善家，所施加的引力也会让其恢复到既定的运作模式，更不用说几十年前的机构领导者了。将慈善部门推向影响力投资时代需要做些什么？

首先，我们必须明白，基金会因其独特的本质而具有传奇色彩。慈善家经常开玩笑说："如果你看到一个基金会，那么你看到的……是一个基础。"但是，我们可以向先驱们学习，他们已经开始为希望遵循的人指明一条道路：个体慈善家，诸如比尔·杨，在自己的慈善之旅中，成为加拿大慈善法方面的半个专家；安妮·陈，本章将会讲述她的故事；机构领导者，诸如凯洛格基金会的汤姆·雷斯（Tom Reis）和 F. B. 希伦基金的路德·拉金。这些先驱者和不断增多的新一代领导人正在推广这些想法，产生成功的可跟踪记录，并展示这些影响力投资概念如何在金融领域获得成功。

实施 TFAM 战略就像盖一栋房子。它需要能洞察机会的眼光，结合技术能力、组织能力和耐心，来捕捉这些机会。最终，每栋房子都有自己的形式，并且在建设过程中，面临着独特的挑战和重大突破。但是，那些在我们之前建造房子的人，确实提供了一些普遍性的经验教训，如采取哪些措施才能把房子圆满建成。[5]在开创新局面时,我们需要超越分析式的辩论,更多地寻求投资顾问的建议,并分享观点,消除律师的疑虑。一旦我们允许建立一种新的方法,就需要发展影响力投资的能力,像投资者一样思考,并开展合作。让我们依次回顾这些步骤。

破土动工

破土动工之前,你需要考虑影响力投资策略可能的情况,以及如何最好地实施。在基金会领域中,你需要从基金会董事会、投资经理和律师三方获得“许可”,后者为前者提供建议。

目标在于整个身体,而不仅仅是心脏或头

许多基金会决策者对交互式慈善模式有着很强的情感依赖,要克服这种依赖,创造力和领导力发挥着至关重要的作用。通常情况下,这个领域的全部数据都不足以动摇他们的信念,即保护投资决策不受社会使命的影响。

为推动俄勒冈州迈尔纪念信托(Meyer Memorial Trust)影响力投资对话,首席执行官道格·斯塔姆(Doug Stamm)创建了当地报纸的嘲讽版,报纸头条谴责受托人投资生产有助于肥胖的产品的公司的同时,为支持反肥胖运动提供赠款。如果这种游击战术不合适,那么请董事会成员访问其他已经接受新方法的基金会,或者对潜在投资对象进行阶段性访问——无论它采取什么样的方法。应认识到影响力投资议题会威胁到情感和智力上的信念。

尤其是在处理与影响力投资财务回报和风险相关的担忧时,数据分析不能提供什么帮助。虽然一些影响力投资在建立良好的可跟踪记录,并且传统可持续投资已经证明了其财务价值,但是许多影响力投资新工具缺乏长达几十年的历史绩效,而要让很多专业投资人士认可这些投资的审慎性,所需要的正是这种历史绩效记录。关于影响力投资策略的潜在财务回报,只要讨论仍然专注于针对索赔和反索赔,那么现状就会胜出。通过转变观点,强调影响力投资将为基金会的社会或环境使命贡献额外价值,从而使创新案例更具说服力,支持影响力投资战略的倡导就会拥有更为坚实的基础。最后,你需要针对整个组织(既包括心脏又包括头部)说明如何通过数字和叙述来实施这种方法。

需要更多投资顾问建议

即使你可以获得管理层和受托人的支持,但在许多基金会中,投资顾问对投资决策拥有明确的或隐含的否决权。许多人拒绝构建影响力投资组合的任务,并且他们可能会继续抵制,直到他们的激励政策发生变化为止。如果现有顾问和基金经理不寻找并提出合适的影响力投资选择,那么假设不想错过影响力投资机会的基金会,必须将自己的资产转移给新顾问。

请记住:你是客户,而投资顾问要响应自己的客户。2010年,洛克菲勒兄弟基金会决定,将其5%～10%捐赠分配给一只影响力投资基金,以鞭策自己的投资顾问寻求影响力投资选择,这是该公司在过去没有做过的事情。

分享更明确的投资审慎法指南

即使你能够赢得管理层和受托人的支持，也能说服投资顾问寻找相关投资，但是，当你着手构建新战略的时候，还有一个障碍摆在你面前：来自传统律师的怀疑态度。对“审慎人”规则的持续和限制性解释，导致许多法律顾问拒绝任何看似不寻常的投资策略。

财政审慎的概念远远超出了早期阶段的界定，当时纽约州立法者禁止州内信托委员会投资其他州发行的除债券之外的证券。而就在几十年前，私募股权投资被视为基金会受托人的高风险的、不常见的、审慎的做法。

但是，所谓可靠的投资策略，其所带来的结果是在 2008 年市场崩盘过程中，很多基金会的总资产遭受到了 20%、30%，甚至 40%的亏损，这使影响力投资方法相对不支持的态势开始出现转机。受托人不基于可持续性基础进行投资，实际上可能会违背其受托责任，这种论点开始在一些方面获得共识。马后炮不是可靠的指导，但是，如果更多受托人在 2008 年崩盘之前坚持要求更好的公司治理——可持续投资的基石，那么他们本可以控制自己的投资损失。

2010 年，英国慈善委员会（Charity Commission）开启了一项修改基金会捐赠经理指导方针的程序，但是，我们不必等待正式指导方针出台。进一步阅读部分介绍了一些通知受托人及其法律顾问的文件。虽然各个机构应该自行寻求律师，但是他们却不需要重新开始调查。采纳影响力投资策略的基金会，并未进入某种法律边界或无人地带——没有其他人进行投资冒险，几乎没有什么法律指导。

开始动工

假设你已经获得许可，开始破土动工。你已经克服了自己受托人的担忧，向投资顾问表明了他们需要寻找影响力投资机会，并且说服了律师，没有人会因此而入狱。现在，你需要建筑师设计新的影响力投资房屋，以及木工和商人去建立框架、布置管道和拉设电线。

培养或获取影响力投资能力

强迫传统项目官员或投资专业人士一夜之间变成影响力投资者，这会成为一种自我实现式的失败预言。基金会工作人员擅长维护你当前住宅的运营，而不是建造一个新住宅。影响力投资项目要么财务绩效表现不佳（如果项目工作人员投资风险过高的项目），要么滞留在混水中（如果投资工作人员无法找到符合其传统认购标准的机会）。

但是，许多现有员工可能会对执行影响力投资的方法感兴趣，并会采用这些方法。基金会领导层需要支持现有员工培育和扩展这些技能，指导影响力投资，或者通过恰当的外部专业知识对其进行补充。具有深厚专业技能和知识的工作人员在追求这种方法过程中，不应该被弃如敝屣——当然，除非他们抵制未来，并破坏其发展。

像整合性投资者，而不是像项目负责人那样思考

当谈到慈善事业和社会问题时，基金会项目工作人员习惯于根据项目优先事项进行思考——例如，“我们为教育（环境或艺术）提供资金”。然而，思考 TFAM 时，工作人员需要像投资者一样思考，并在更广泛的发行领域分散其持股。例如，旨在改善儿童生活的基金会，考虑可用于实现其使命的投资机会时，需要扩大思考范围。儿童在哪里生活？他们吃什么？他们孩子的孩子会在哪里生活？补助计划只能集中资助青少年的早期教育，但是，投资战略还应考虑向可持续农场提供贷款，这将有助于以更便宜的价格将更高质量的食品带入该地区，还要考虑提高海外儿童经济前景的小额信贷债券，以及对提高教师绩效的公司进行股权投资。项目优先权不是投资配置策略。影响力投资要求管理者将狭隘的利益对接到更大的经济、社会和投资机会网络上。

协作

你不是唯一一个要去建造房子的人。长期以来，基金会认为自己是唯一能够负责进行尽职调查的机构，现在需要结束这种看法。这有助于更高效地分配赠款和投资。对加速使用 TFAM 尤其重要，因为早期领导者之间的协作可以为未来几年的更大影响力、扩张和杠杆作用奠定基础。正在开发的平台，有助于分享与投资社会影响力有关的尽职调查材料、联合投资、设计新投资方法，以及基准数据。基金会领导人不仅能够使用这些服务，还能为其持续发展做出贡献。

基金会总资产管理实践：每件事都是整体的一部分

安妮·陈，中国香港河星基金会董事长

我曾经相信，如果你有钱，并想要做好事，就得把钱捐出去。但是，两个“啊哈”时刻，让我重新思考这种方法。

第一次是在 2008 年的慈善会议上，我无意中发现了社会企业家这种想法。我对频谱图很感兴趣，它表明社会企业在赠款和商业投资之间的地位受到了支持。

第二次是在大约两个月后，我听了斯科尔中心研究社会企业家精神的斯蒂芬·钱伯斯（Stephan Chambes）在中国香港社会企业会议上的主题演讲。他解释说，在某种程度上，金融危机产生是因为企业没有考虑外部效应，诸如它们活动的环境和社会成本。从这个角度来看，他认为，“每一个（商业）企业都应该是一个社会企业”。听到那句话后，我相信，从长远来看，像往常一样营业的企业都是不可持续发展的。在一家污染公司持有股份，或者在一家牺牲客户的福利以追求最大（有时离谱）利润的公司持有股份，谁会感觉良好呢？

后来，我花了几个月的时间，将自己投资组合转换到一家对社会负责，并且也能满足我财务目标的企业，开始了解影响力投资。起初，我将影响力投资当作一种慈善工具，使用可持续发展的筛选原则，去追求财务回报。虽然我开始发现，有一条共同主线在贯穿所有这些活动，但是，我仍然停留在传统思维中，认为在某些时候，我会将投资组合分为两个信托基金：一个为我个人使用，一个为慈善事业使用。最后，我决定保留一个单一的投资组合，但是，在很长一段时间内，令我感到很困惑的是，如何将所有这些活动组合在一起，在单一的投资组合结构中满足我的所有目标——个人、财务和社会。

当我阅读了杰德·艾默生关于综合价值的概念时，心智豁然开朗。我开始将每一件事情都看成系列相关活动的组成部分，这些活动所产生的是社会和财务回报的综合体，并且我意识到，自己需要做的是找到合适的组合。然而，我最初在自己的头脑中努力去将两个截然不同的目的（个人和慈善）结合到单一投资组合中，后来，我意识到，整合性方法可以提供更多的选择和杠杆作用。

我认为，把自己投资组合变成一个负责任的投资组合，会是一件很简单的事情。在现实中，我无法在中国香港找到一位经验丰富、知识渊博的财务顾问。最终，我聘请到一位来自苏黎世的专家顾问，他曾帮助开发了资产配置模型，用以筛选合适的产品。由于几乎没有本地资源，也没有专注于某个区域的影响力投资机会，因此最开始的时候我是投资国际基金，如智慧资本市场基金（Acument Capital Markets Fund）、达亚蓝色果园小额信贷基金，最近一项投资是 ResponsAbility 和竹基金的绿洲基金（Oasis Fund）。

东亚地区的影响力投资机会依然有限，因此我提供了资助，支持该地区社会创业领域的发展。我曾支持成立国际组织，如阿育王和格莱珉基金会及其在该地区的工作，还支持地方倡议和风险投资。我投资了中国香港第一家社会风险投资公司 SVhk，成为中国香港年度社会企业会议的赞助商。这些捐助和投资打开了通往中国香港及其他地区社会企业和影响力投资领域的大门。在未来的日子里，我们需要在投资顾问和家族办公室之间建立本地化能力，建立和管理整合性投资组合，并评估越来越多的本地交易。

影响力投资使我能够在单一投资组合中将个人价值整合到赠款和投资中。不要因为自己拥有太多而其他人拥有太少而感到内疚，我可以投入自己的时间、技能和金钱，获得社会影响力，并乐在其中。

谁是你的父亲？影响力投资和代际关系

尽管在影响力投资领域中，大量的关注在于更大的机构基金会和投资基金，但实际上，家族基金会和个人慈善家已经推动了该领域近期的大量创新。由于烦琐官僚作风和沉闷传统比较少，许多家族基金会的创新能力比大型机构基金会同行更强。年轻的家族成员往往会给家族基金会带来一种紧迫感，并且对交互式慈善事业实践感到不耐烦。慈善家及其家族成员越来越多地告诉我们，影响力投资已经激发了家族成员之间富有成效的讨论，特别是跨越代沟。

我们应该清楚的是，影响力投资并不是对糟糕家族关系的一些财务补救措施，它无法应对伴随着巨额财富管理而来的所有挑战。也就是说，它为家族提供了一个真正的独特平台，讨论每一个家族成员的价值观，以及什么样的策略最能反映共享的遗产，家族将在未来几代共同传承这种价值观。

富裕家族及其顾问越来越多地被影响力投资所吸引，原因如下：

● 它提供了一种优秀的框架和工具，可以为家族财富的目的提出更深入、更深刻的问题。

● 家族开始了解，他们相互作用程度是对个体家族价值(和价值观)更重要理解的反映。

● 它指出了创建决策实践的路径、新的家族领导和指导关系，以随着时间推移而维持一个家族的价值观。

如果做得好，探索和执行影响力投资策略的过程，将为家族和顾问提供一个机会，就管理财务和额外财务家族利益进行对话，而不是谈话沟通，该对话首先解决了如何管理家族财富的问题，之后，提出了关于财富管理目的的问题。

家族是动态的、集成的和复杂的系统——不是线性的、逻辑的生产和管理流程。TFAM 通过某种方式反映了家族的复杂性，而在此种方式下许多传统的财富和慈善框架都没有充分反映家族的复杂性。

影响力投资是实现这种对话的可能路径，因为它提出了一系列问题，诸如家族如何看待其财富性质，如何结构化其财富以实现额外的财务目标，以及各类家族成员如何通过一个流程来理解他们对个人和群体的答案。越来越多的家族将影响力投资作为框架，对这些问题进行讨论，因为它允许第一代家族成员与第二代和第三代成员讨论一系列个人问题，而这些问题在单独的讨论中更难以探讨如何投资或如何捐赠。

如今，这些观点在许多年轻人中引起了强烈的共鸣，这些年轻人生活目标是行善做好事，并产生利润。在整合基础上探讨家族财富保护的讨论，打开了家长被孩子们区别对待的大门，同时允许下一代成员被当成负责任的成年人，这是出于未来的新愿景——第一代人投资和他们一起创造未来。

迎接新挑战的新方法

一个世纪前，一些知名实业家在美国创建了现代慈善事业，自此以后，慈善事业正在经历一场更深刻的变革。基金会数量不断增加。其财富来源从已故的祖先的遗产转变为在世捐赠者的承诺，后者通常是建立了商业帝国。并且，基金会正在亚洲和非洲出现，从历史上来看，这些地区是慈善事业的受益者，而不是来源地。

与此同时，世界的社会和环境挑战，似乎具备了无情的力量和巨大的规模。越来越多的基金会正在通过考虑如何利用更多资产来应对这些挑战。启动 PRI 计划或将一小部分捐赠投入与使命相关的投资策略，是一个好的开始。对于许多基金会来说，实施起来具有很大的颠覆性。

但是，这些渐进方法不应该与成功混淆。适度配置与使命相关的投资风险，将影响力投资定位为增加一些资产配置以及固定收益和公共股票。但是，TFAM 方法的重点在于，应该利用和管理基金会的所有资产。如果你认为表面上创建任何基金会的唯一理由是提高公众和社会利益，那么这是有道理的。在大多数国家，捐赠者可以享受税收减免，将其资产分配到基金会，并在捐赠投资中享受资本利得税减免。为这些税收减免付出代价的公众，有权要求这些税收优惠资产追求公共利益和共同利益。

从历史上看，许多国家通过制定法规，强制基金会每年捐出其一部分赠款，就满足了这种需求。公众忽视了对投资实践的审查。这种忽视在分立的世界中还讲得通，因为人们没有指望投资有助于公益事业。但是，在综合价值的世界里，公众同样应该要求知道其他95%投资的情况。

因此，我们现在提出一个相对简单的问题：面对社会和环境方面的挑战，并且似乎超出了我们应对这些挑战的能力，而且全球经济还不断遭受连续冲击，我们是否有能力让基金会坚持原来的做法，使得几乎所有资产投资都不用考虑社会影响力和环境因素？

如果你认为每年捐赠5%或更少的基金会资产非常好，那么我们希望这些赠款都是好的。世界当然需要高效的资助者。但是，如果你认为基金会必须考虑如何配置所有资产，应对当前面临的紧迫挑战，那么TFAM提供了一个越来越清晰的蓝图，以构建能够应对这些挑战的方法。

第十章　如何调动这些资金

迎接客户的挑战

● TIAA-CREF，美国规模最大的养老基金之一，于 2005 年进行市场调查，以更好地了解它的客户。该公司已经建立了社会责任投资计划，其中，基金经理筛选出一些客户不想支持行业的股票，如烟草和枪支，并积极推动上市公司提高其社会和环境实践。但是，令他们感到惊讶的是，发现许多客户需要更多的东西：其投资旨在减少不平等，为国内外穷人提供机会，并改善自然环境。

作为受监管的养老基金，TIAA-CREF 必须履行法定义务，把客户的钱以风险调整后市场利率投资，以及为既定的资产类别谨慎地追求最高的财务回报。但是，TIAA-CREF 的领导接受了这一挑战，并在 2006 年推出了一项社会和社区投资基金，其使命是追求一种考虑社会和环境影响的竞争性财务绩效综合回报。在过去 4 年中，该基金已承诺并拿出了 6 亿美元，投入各种各样的影响力工具，范围从小额信贷机构的股本投资，到贷款给开发商以建设环境友好型低收入住房，再到社区银行的存款，该存款反过来投资当地企业和社区家庭。

● 2003 年年底，瑞士银行和投资管理公司正式推出了 ResponsAbility，该公司专注于将机构资产转移到能够为全球发展做贡献的投资中。由于瑞士和德国银行与超高净值客户有着密切联系，因此，3 年内，ResponsAbility 所管理的资产规模就达到了 2 亿美元，5 年内管理的资产规模达到了 5.4 亿美元。2008 年，当资本市场遭受金融危机重创的时候，其他基金管理人眼睁睁地看着，客户在金融危机的恐慌中撤回他们的资产。然而，第二年，ResponsAbility 的资产增长了 20%，并且在 2010 年高达 1 亿美元。它的投资支持小额信贷、独立媒体和 40 个国家的公平贸易企业。

我们已经目睹了主流投资者过度的贪婪和自信，足以烧旺我们鄙视其自以为是的怒火。我们认为，在塑造影响力投资的未来时，金融机构应该发挥巨大作用，就在这个时候，2008～2009 年金融服务行业令人震惊的失败，应该会让每个人都停下脚步，重新思考。

但是，我们不能忘记银行家在转移资本时所能发挥的关键作用；如果我们不将资本市场带入其中，就不会意识到影响力投资的潜力。如果没有全球资本市场，也没有建立债券结构的金融工程师，那么小额信贷机构就无法利用它们，那么小额信贷的客户数也不会高达 1 亿。尽管有这段历史，但是你可能仍然会认为，影响力投资者并不需要全球资本市场和银行家，也不需要让影响力投资良好运营的基金经理，你会说："让我们清洗出现代金融服务部门中那些完全腐败的企业。"我们可以做到。你可能不需要资本市场——只要你打算从你的个人账户中提取现金，坐上飞机，将那些现金亲手递给能利用它们的社会企业家，然后几年内，拿起一个稍重的手提箱返回。然而，对于其他人而言，资本市场在释放影响力投资的潜力上是十分关键的。

摒弃所有花里胡哨的东西，资本市场最基本的功能是，从它的拥有者手里获取资本，并把它交给企业，创造出更大价值，而不是投资者或企业各自独立奋斗。在资本市场中，你不必乘坐飞机将自己养老基金投资到多元化投资组合，或不必在自己储蓄基金投资到公司之前，亲自调查中国的太阳能电池板公司。

从历史上看，现代资本市场这个庞然大物很少关注影响力投资者。几万亿美元的金融服务行业及其数以百万计的员工，盘踞在分立的世界中。但是，改变才刚刚开始。TIAA-CREF 和 ResponsAbility 与越来越多的其他公司加入这个行业，这两家机构的例子揭示了这座大厦存在的裂缝。它们在向人们暗示，当其从事影响力投资时，现有的资本市场机构如何产生巨大的力量。

通过确定最有前途的领域，老牌厂商和初创企业集中资金，进行影响力投资，并且建设能够成功利用这些资本的企业，我们可以加快这一进程。从早期的实验中，我们也开始识别出影响力投资新出现的纪律，以及成功投资者需要培育的综合技能和特征。但是，当我们仅仅从最简单的来源中撬动资本时，就无法停下脚步。我们需要扩大影响力投资的大门，为普通公民创造参与的机会。我们必须将影响力投资带到零售层面，点击鼠标或访问它们的银行分行，任何关注未来和社区的人都可以这样做。如果所有的投资者可以追求综合价值，那么影响力投资不仅能释放资本，实现社会目的，而且可以用一种整合的手段，改变我们管理社会资产的方式。

寻找资本

全球资本市场组织了一笔估计为 80 万亿美元的资产，并聘用数以百万计的人员，囊括从华尔街交易员到瑞士理财顾问，再到印度私募股权投资基金经理。在这个时期，对任何主要参与者来说，影响力投资都不是一项重要的活动。即使 TIAA-CREF 有 6 亿美元影响力投资基金，仍然不到其管理总资产的 0.2%，但是，随着许多主流金融公司的增加，影响力投资计划也开始流行起来。它们可能没有一家公司的资产负债表会超过 1 万亿美元，但是在新兴的影响力投资资本市场中，它们越来越重要。它们代表了这些公司中的创新，在这些公司中，传统的分析师和基金经理正在逐渐了解影响力投资市场，了解公司更多的业务，并制定新策略，为他们的客户创造影响力，并产生利润。

在应对影响力投资机会的时候，现有的资本市场领导人面临着深刻的结构性挑战。其庞大的规模使得他们很难与一个还是新兴的、零散的部门配合。一家拥有 2 000 个经纪人的公司，努力推出一个价值 5 000 万美元的影响力投资产品，并且该产品只提供给部分客户。机构投资者和资产管理公司也在监管下运行，该监管加强了投资一分为二的观点，并制约影响力投资产品的创新。而现在，人们比以往任何时候都怀疑银行家的目的，并且很快在他们的举动中发现了不法的意图。

初创企业迅速利用机会，以一种主流公司不能利用的方式，服务于影响力投资者。新企业开始如雨后春笋般在资本市场的各个角落出现，为影响力投资者提供专门的银行、咨询和基金管理服务。相对于庞大的主流参与者，这些新企业是微小的，但也是蓬勃发展的。任何市场上的新参与者都有一种与生俱来的创新优势：他们可以一心一意地专注于为新客户服务，灵活地在一个充满活力的市场移动，捕捉新的机遇。而且，坦率地说，他们更酷，作为“下一件大事”，引起人们的注意和激情。激励社会企业家，诸如 kiva.org 的创始人，为脱口秀节目制作令人信服的主题；中级银行家在华尔街建立了一个新的资产管理产品，这些是大人物一般不会做的。

最后，创新性的新创公司和现有公司的参与者，在建立未来的影响力投资资本市场时，将是至关重要的。当我们在祝贺有魅力的企业家时，如果能够利用巨大资源和现有资本市场领导者的既定职位，那么扩大影响力投资的规模将变得很容易。两个关于小额信贷资金的故事就说明了这一点。

在读这本书之前，您可能已经听说过了 kiva.org。这家互联网新创公司曾在社会企业和小额信贷领域轰动一时，以一种前所未有的热情冲击了小额信贷同行。自从它于 2005 年 10 月创办以来，在其第一个 5 年内，促进了大约 2 亿美元的贷款。我们怀疑，直到你开始阅读这本书时，才知道 ResponsAbility，在它的第一个 5 年——2003～2008 年，动用的投资资金是 kiva.org 总资产的 3 倍多，并持续快速增长。

kiva.org 是一种鼓舞人心的创新。但是，ResponsAbility 暗示，当我们利用已经分配的 80 万亿美元现有资本市场的基础设施时，什么是可能的？既定的资本市场的领导人都意识到，他们的顶级客户和顶尖人才已经对影响力投资表示出兴趣。并且金融服务行业的企业家并没有空等，他们现在正在应对许多影响力投资者和社会企业家所感受到的挫折。他们将联合影响力投资资本，并创建投资结构，可以有效地把资本输送到最能创造综合价值的公司。

调动资本的主要行动者

我们受到影响力投资潜力的鼓舞，因为我们知道，世界有足够多的资金来应对我们许多最根本的挑战。随着全球资本市场大约 80 万亿美元的资金流通，仅仅为影响力投资释放 1%，其建立的资金池就比目前每年官方捐助流量的 4 倍还大，是美国每年慈善捐赠总量的近 3 倍。但是，80 万亿美元的大部分资金，锁定在不会为影响力投资者解锁的投资结构中。问题的关键是，确定高潜力的资金池分配在哪儿，了解如何激励他们的经理去重新配置，并支持他们这样做。

资本市场的一项快速调查显示，我们需要将这些资产对准扩展性和灵活性的有效点。为了充分发挥他们的力量，资本市场需要从创新的交易，进入可复制的交易结构，再到能够实现规模化并向投资者提供流动资产的资金平台。最后，他们需要建立能有效地管理这些新兴市场的基础设施。为了能让影响力投资遵循这一轨迹，我们需要确定资本池足够大，以使他们的经理能在开始行动时建立一个市场，但是，市场必须足够小，以使它们原来的主人仍然密切联系，进行投资决策，并能够推动创新。

养老基金的经理可以用他能支配的数十亿美元去推动市场。但是，他被困在一个官僚和监管的框架中，不能参与规模相对较小的影响力投资创新。在另一个极端，你可以用自己钱包里的 5 美元做任何想做的事情，但是，你用它做的事情与一个新行业无关。幸运的是，这个资本市场涵盖了家族办公室和私人银行这种在两个极端中运行的机构。我们将开始在那里寻找资本市场的同盟。

家族办公室：当前创新的有效点

在历史上，家族办公室一直是寻找金融服务创新先驱的好地方。这些投资公司管理一个家族的资产（或者，在现代可以管理几个家族的资产）。一般情况下，他们拥有超过 1 亿美元的资产，规模足够大，可能支持新产品和投资平台的创建。但是，他们也够独立，方便迅速采取行动，以应对其资产所有者的利益，即使这些利益超出了既定的投资行为。

家族办公室以前曾利用过这种独有的特点。投资者应该支持一个非常早期的公司组合，其中很多公司都会失败，对于主流投资者来说，这种观点最初看起来很疯狂。这是留给美国的家族办公室去创造风险投资行业的机会，家族办公室中有许多支持 20 世纪 50 年代和 60 年代的第一代风险资本家。主流投资者，特别是养老基金，直到 1978 年美国监管机构才给他们明确的指引，开始投资到风险资金。

现在，家族办公室在影响力投资中正重复之前的先驱作用。他们领导了第一个商业化小额信贷资金的资本化。亚特兰大房地产开发商鲍勃·帕蒂洛（Bob Patillo）和亿贝（eBay）创始人皮埃尔·奥米迪亚（Pierre Omidyar）的家族办公室，帮助创建了第一家小额贷款投资机构。由于他们做的与风险投资有关，因此受益于他们帮助创造的投资基础设施，机构投资者开始跟随家族办公室进入小额信贷。截至 2010 年年底，超过 200 家小额信贷投资，引导了超过 6 亿美元的投资，包括养老基金和其他机构客户的投资。

除了小额贷款以外，家族办公室还在其他影响力投资子领域中扮演开创性的角色。摩羯星投资管理公司（Capricorn Investment Management）最初被亿贝的第一名雇员杰夫·斯科尔（Jeff Skoll）资本化，现在，正在世界各地的可持续农业和可再生能源领域进行大规模投资。在英国，塞恩斯伯里勋爵的家族办公室已培育了专注于非洲农业的新公司和基金经理。越来越多看到了这个机会的人加入了这些先行者的行列，并且这些先行者都有足够的灵活性来解决这个问题。

除了灵活的规模和客户的积极性，家族办公室投入影响力投资领域还有另一个诱因。根据定义，家族是由不同的几代人组成的。正如我们在前面的章节中讨论的那样，影响力投资为第一代的家庭成员与第二代和第三代成员在一起讨论管理家族遗产创造了机会。二十几岁和三十几岁的家族成员对环境问题、教育问题与反贫困计划的兴趣，代表了大家族联合起来，探讨连接共同关注领域的新路径。

私人银行及其客户：准备参与

在推动金融创新的发展过程中，家族办公室可以发挥至关重要的作用，但是，它们只是整个金融服务行业的一个相对较小的部分。相反，私人银行监管着数万亿美元的资产。虽然通常不大灵活，并且不怎么响应热情的资产所有者，但是，如果这些银行把目光投向了影响力投资，那么它们也可以帮助去改变资本市场。而在 2011 年，它们似乎准备这样做。

私人银行帮助账户上有数百万美元的客户进行投资。这些客户有足够多的钱，可以把重点放在长期资产保全和发展上，而不是短期收益和流动性上。从历史上看，在如何管理客户的资金方面，许多私人银行是比较保守的。但是，这些银行所提供服务的私人客户能够负担得起测试新投资方式，并且逐渐开始要求银行把他们的资金投入影响力投资。2008 年开始的金融危机之前和期间，顶级私人银行家一再告诉我们，他们对影响力投资的想法很感兴趣，但可以通过单独提供慈善咨询服务，满足客户对创造社会价值的兴趣。2010 年，情况发生了变化。世界各地的银行家开始向我们谈及对影响力投资一贯热衷的顶级客户。并且 2010 年一项关于美国高净值投资者的调查发现，有一半人对探索影响力投资感兴趣。[1]

结构性挑战正在放缓私人银行对这种兴趣的回应。许多私人银行都很难通过其目前的结构募集影响力投资产品，这是因为它们是在一个分立的世界中运行的，并且投资团队也是从慈善咨询师中分离出来的。它们还在规模带来的负担中挣扎。通常情况下，为数千名客户管理数十亿美元的资本，它们无法经受改变数千万美元的投资计划，因为那执行起来相对昂贵，并且不是所有的客户都能使用。私人银行关系也是很具有黏性的，并且即使银行家不提供影响力投资的选择——至少在短期内，也几乎没有私人客户会解雇他们。

尽管存在这些结构性障碍，但是，影响力投资势头最终会推动私人银行去回应。有几家领先的私人银行，开始通过创建一两个影响力投资基金的方法，来响应客户的兴趣。然而，鉴于其规模，该方法仍然会导致大量资金流入影响力投资。在撰写本书的时候，一家重要的金融服务集团正在探索如何将其投资资金的一小部分通过影响力投资平台进行转移。该笔投资的金额是 4 亿美元。对于一个新兴的投资类别而言，这是有意义的承诺资本。随着其他人跟随着走这条道路，市场将进一步增长，它吸引其他行动者，吸纳额外的资金。这些最初的步骤将为未来的其他人奠定基石。

还有一些国家正在为影响力投资者的长期和结构性参与做准备。2010 年，瑞士联合银行(UBS)在其财富管理部门建立了综合性慈善和价值投资单位。这个单位将慈善咨询、UBS 基金会、社会责任投资和影响力投资整合到了一个单独的平台。瑞士联合银行内部倡导这个方法的资深银行家，清晰地阐明了综合价值愿景：

建设一家企业,并且相信,客户将逐渐寻求那种顾问,他可以进行一个单独的、综合的讨论,研究自己的所有资产如何与价值观相关联。通过一支世界上最大的经纪力量,摩根士丹利美邦国际(Smith Barney)正在回应它服务的几百万计对影响力投资兴趣越来越大的客户。

虽然在第九章提到的陈安妮在没有正式制度支持的情况下已经实施了自己统一的投资策略,但是,未来资产所有者将越来越多地转向瑞士联合银行、摩根士丹利和其他金融服务公司这些为满足市场需求重新定位的公司。这些公司并不是在毫无根据的情况下尝试这种方法的。越来越多的银行开始建立合作伙伴关系,将影响力投资行业的专业知识和他们的内部能力结合,以创造新的投资工具——可以通过银行的分销渠道,提供给成千上万的投资者。通过这种方式,影响力投资逐渐从华尔街变成主流。

虽然我们预料变革来自规模较大的公司,但是,尖端的创新仍然能在初创企业和较小企业中被发现。瞄准影响力投资的财富管理公司,至少开始赢得逐渐增多的私人客户的部分资产管理授权。即使在总资产减少的 2008 年和 2009 年,许多初创企业仍能看到,自己的资产负债表出现增长,特别是在加利福尼亚州北部和北欧,影响力投资非常盛行。

机构投资者:扭转海洋航线

当前资本市场上最大的获利者是机构投资者,他们控制着世界养老基金、保险基金以及主要捐赠资产。他们所控制的投资资产总和超过 30 万亿美元。并且部分创新表明,监管部门和客户的压力可以促使他们接受影响力投资,而忽略其自然的保守倾向。

养老基金是一个明显的起点。的确,大多数人将退休储蓄管理交给专业公司,并且很少关注它们是如何投资的。而绝大部分机构投资者等待影响力投资基金经理去建立公司记录,并且其他投资者在进入影响力投资领域之前,也对此持观望态度。但是,养老金储蓄与长期未来关系之间的隐含联系,为讨论长期投资者对综合价值的兴趣创造了一种关联。一名 40 岁的人,在 30 年内为退休进行储蓄,她很容易看清,为什么产生回报的策略也会促进环境的可持续性,以及更好的社会平等性,这对她的长远生活和遗产会更好。这正是在 2006 年激励 TIAA-CREF 去创建其影响力投资单位的初衷。荷兰养老基金也一马当先,特别支持目标为环境可持续发展的投资。

一部分价值型机构投资者已经开始行动。价值型投资者采用不同的方式,以社会目的来匹配投资策略,这些不同的方式能反映他们对综合价值感兴趣的原因。例如,一些公共养老基金追求能支持地方经济发展的影响力投资策略。美国最大的公共养老基金——加州公共雇员退休系统,引导其大约 10%的资产,投入加利福尼亚州。养老基金管理工会成员也开始希望,把他们的储蓄资本投入能促进就业机会和其工作环境标准并使成员受益的公司。越来越多的养老基金经理正在通过宗教社区动员跟踪一种悠久的传统,该传统力图使宗教集团的投资行为与其价值观保持一致。

除了养老保险基金管理，其他机构投资者特别容易受到可以促进综合价值敏感性的社区和政治关注的影响。过去十年中，主权财富基金曾作为一个日益重要的机构投资者出现。政府管理的资金池所累计的资产已达到5万亿美元。虽然没有人以极大的热情支持影响力投资，但是，政治压力和国家的本土价值观，如挪威（石油出口收入转化为一个超过400亿美元的主权基金）正带领其基金经理检查它们的投资带来的社会和环境后果。以挪威为例，一家独立公司负责评估公司的社会和环境行为，并给基金经理提出建议，建议主要集中的方面是，在可持续性和公平性分析下，投资组合中的企业如何支撑。

在利用早期影响力投资创新中，大学捐赠基金也可以发挥重要作用。尽管在数万亿美元的全球资本市场背景下，这些捐赠数额相对较少，但是为了改变大学的投资实践，活跃的学生和校友在为之共同奋斗，所以这些捐赠在过去是社会责任投资运动的重要战场。影响力投资可能不会在校园里引起像20世纪80年代的反种族隔离的撤资运动那样的热情。但是，随着影响力投资的意识在学生和校友之间扩散，他们可以给捐赠经理施加压力，以实现综合价值策略。许多行动者和组织都以捐赠为目标，其中包括责任捐赠联盟（the Responsible Endowments Coalition），鉴于大家都关心推进他们所属的学校的财务和体制完整性的现实，该联盟致力于努力弥合学生和利益相关者的代际利益以及受托人的利益。

最后，由于美国税法的转向，创造了一个位于捐赠者指示基金的高潜力资产池。这些资金是个人为最终捐款而建立的，但它也属于投资产品，会积累资本收益，同时等着被分发出去。约150 000名个体拥有捐助者指示基金，且基金总资产超过25亿美元。影响力投资为捐赠者指示基金产生的社会价值，提供了一种潜在的诱人机会。与其等待资产最终捐赠产生社会价值，还不如沿着前进的道路产生价值，其前提是这些资产已经投入了影响力投资。马里兰州卡尔弗特基金会（Calvert Foundation）和旧金山RSF社会金融（RSF Social Finance），已经率先利用捐助者指示基金进入影响力投资。我们预计很多人会迅速跟进。

移动资本的行动者

伴随着所有这些潜在的资金来源，我们可以动员全球资本的1%转移到影响力投资中的想法，似乎也不那么古怪或遥远。而事实上，我们的目标不仅是移动部分资产，而是将整个世界资本市场转移到可持续发展和影响力投资行为中。这种情况迟早会发生，现在，让我们从头开始。

比方说，我们确实动员了1%的资产——800亿美元——到影响力投资中。谁将去构建和配置这一切？我们将不得不聘用投资银行家，这是不可回避的事实。

新兴影响力投资银行家

由于家族办公室、私人银行和机构投资者正在筹集资产，因此投资银行家意识到了影响力投资机会。近年来，所有动机汇集在一起促成了这种行动。紧随而来的金融危机使世界各地的投资银行面临着巨大压力，需要向公众解释为什么他们对社会有益。在赢得公众的支持方面，向自己的企业基金会中投入更多资金，已经被证明是相对无效的。相反，影响力投资强调了投资银行的核心工作是如何产生社会和环境价值。同样，影响力投资激励了顶级人才，尤其是渴望利用自己的专业技能为社会创造利益的年轻雇员(除了更加传统的机会，成为当地厨房或辅导组的志愿者)。最后，也许最重要的是，对有长远眼光的银行来说，影响力投资可以是一条很好的业务线。

这些动机导致主要投资银行做出了越来越有趣的影响力投资承诺。在英国，投资银行已对公众通过用各种建议来提高银行家的奖金税的压力做出了回应，利用他们的技能和资本更直接地创造社会福利。在美国，20 世纪 70 年代中后期的监管规定，将许多银行带入社会发展投资工作。投资银行，如德意志银行(Deutsche Bank)，投资了数亿美元到社区开发贷款中，部署了一系列资本，其范围从赠款到优惠贷款，再到市场利率投资。投资银行的转换，如在金融危机中受到重创的高盛投资公司转换为银行控股公司，导致人们要求更多受监管的投资银行做出类似以社区开发为重点的投资，政治意愿才会让这些需求得以继续。

对投资银行家来说，影响力投资也是一条越来越好的业务线。摩根大通社会金融部门诞生于 2007 年，因为它意识到，快速增长的社会企业部门需要专门的投资银行家。两年前，花旗银行推出了一家全球小额信贷单位，因为与前者类似，它也意识到营利性和非营利性小额信贷企业是银行的稳定客户，而不仅仅是企业基金会的承授人。2010 年，花旗小额信贷与其社区开发部门联合起来，创建了一个影响力投资机构，专门针对新兴市场和美国的低收入客户，追求运用自己的综合能力。对想要激励员工的投资银行来说，影响力投资也是不错的业务。当摩根大通宣布推出自己的社会金融部时，在一个星期内，1 000 名公司员工联系了这个单位，并且表示有兴趣参与那里的工作。

尽管存在这些动机，但是，当涉及开发性影响力投资行为时，原有的投资银行与其私人银行对手，面临类似的结构性挑战。最大的投资银行只能执行大宗交易，以抵消其高昂的人员成本。高盛投资公司和德意志银行能够把多个团队的银行家分配到构建创新国际免疫融资机制的工作中，是因为它们发行债券筹集了 1 亿多美元。但是，在影响力投资的早期阶段，几乎见不到这种规模交易。

作为回应，精品投资银行如雨后春笋般出现在世界各地，并为大银行不能服务的小客户服务。2010 年，洛克菲勒基金会未公开发布的内部研究发现，全球超过 40 家机构正在为影响力投资者和社会企业提供投资银行服务。自 2007 年以来，大多数机构，无论是作为独立的公司还是新的业务部门，都如雨后春笋般涌现。有些机构，像印度 IFMR 信托，为社会企业提供资本筹集服务。其他的，如美国的压印资本(Imprint Capital)，帮助基金会和家族办公室识别、构建和管理影响力投资。将国际免疫融资机制组合在一起的高盛投资公司银行家们成立了自己的投资银行狮头(Lion's Head)使他们能够进行影响力投资交易——无法获得老牌企业的关注。

各国政府也开始认识到影响力投资银行服务的价值，并且也意识到，这个市场在没有支持的情况下，不可能发挥其潜力。2011 年，英国推出了一个重要的公私营合作项目，为国内的社会企业家创造了一家投资银行，以利用来自休眠银行账户和英国银行投资的数亿美元。该银行旨在提高政府和私人资本的工作效率，以应对社会挑战。这家银行的长期倡导者，私募股权的传奇人物罗纳德·科恩(Ronald Cohen)爵士，在 2008 年帮助推出了这家银行的减配版私人部门。这家受监管的投资顾问公司社会金融(Social Finance)，一直是第一只社会影响力债券(我们在第五章中强调)以及其他创新的推动力。

影响力投资基金经理

除投资银行之外，大量资本涌入影响力投资为投资基金经理创造机会，这些基金经理可以找出如何有效地将投资资本投入最佳业务，以创造综合价值。私募股权基金经理是这方面发展的中心，这是因为对许多投资者来说，优化综合价值的最大机会，仍然来自直接给私人持有的公司提供资本。

在特定的子行业中经验丰富的基金经理，能够很好地利用广泛的影响力投资机会。正如我们在第二章中所讨论的那样，国际开发领域利用了影响力投资工具几十年，创造了一些能够产生综合价值的基金经理。从政府机构剥离出来的基金经理，如英国公司欧瑞斯，最近与一些投资者合作，创造了专注于新兴市场的新影响力投资基金。一些专门的小额信贷基金经理也开始扩大自己的产品。效仿 2008 年推出了专注于影响力投资的竹基金的小额信贷基金蓝色果园的创始人杰—菲利普·德斯赫雷费尔(Jean-Philippe de Schrevel)，2010 年 ResponsAbility 也推出了一只专注于影响力的企业基金。

影响力投资者的独特需求，也为结合财务技能与社会承诺的初创企业基金经理创造了机会。墨西哥埃哥亚基金从开发性金融机构、私人基金会和家族办公室那里筹集了 1.02 亿美元。埃哥亚的创始人是第五章提到的阿尔瓦罗·罗德里格斯·阿雷吉，埃哥亚占据了阻碍它筹款努力的无人地——对传统的慈善家来说过于商业化，而对传统的投资者来说又过于社会化。但是，随着日益增多的资产拥有者对影响力投资的兴趣越来越大，那片无人地正在萎缩。

一些对新行业建立可靠基金会感兴趣的影响力投资者尤其关注新基金经理。家族办公室和私人基金会，如奥米迪亚网络和索罗斯经济发展基金，正在培养新型基金经理，如前面提到的印度公关基金，经常与其他影响力投资者建立合作伙伴关系。他们也支持现有的经理，创建有针对性的影响力投资产品。例如，影响力投资先驱 F. B. 希伦基金会与美国佛罗里达州的社区资本管理(Community Capital Management)合作，开发了一只债券产品，允许影响力投资者投资美国特定的低收入社区。

领先的主流基金经理开始在影响力投资领域活动，有时不为人知。大名鼎鼎的私募股权投资和风险投资公司将资本投入快速增长的新兴市场时，会与影响力投资产生碰撞。虽然不以影响力投资者的身份进入这些市场，但是，这些利润驱动型企业正越来越多地追求对影响力投资者来说是实质利益部门，如低收入住房、医疗卫生、小额信贷。传奇的硅谷风险投资基金红杉资本发现，随着印度小额信贷行业的由印度基金强力支持的 SKS 备受争议的首次公开发行，自己在 2010 年强行闯入了影响力投资领域。传统上来看，资产所有者的利益走到哪里，私募股权的基金经理很快就会跟到哪里。作为一种可能会成为集聚态势的早期迹象，私募股权投资巨头凯雷集团(Carlyle Group)，最近形成了一种可持续发展的投资实践。

其他的资本市场难题

资本市场的难题还包括多种配套基础设施，通常以研究机构、投资顾问、评级机构、会计师的形式存在。他们的意见和产品在实质上影响着影响力投资决策，并且有助于明确影响力投资的发展轨迹。他们会不时地响应客户的兴趣，并组织起来利用影响力投资的机会。

这些资本市场参与者已经开始考虑超越传统的财务风险和回报的投资标准——主要是社会责任投资运动的结果。该运动推动机构去收集数据，并提供一系列与公司治理、社会影响力和环境相关问题的分析。要求上市公司披露其碳足迹和潜在环境责任的国民运动，已经带动了一些投资顾问、评级机构、会计师去理解有关环境问题的专门知识。投资资讯巨头彭博社已经建立了一个完整的数据平台，跟踪环境治理数据，德意志银行已经成立了著名的气候变化研究小组。

就像他们的银行对手一样，会计师事务所、评级机构、投资顾问和研究人员也开始涉足更有针对性的影响力投资市场。他们面临着更多的公众监督，以证明他们的价值和来自顶尖人才的压力，为整合工作和社会目的提供机会。然而，只要影响力投资在很大程度上仍然是一种私人市场活动，那么投资池就会非常小，并且获取信息的成本会特别高，进而令它不能在短期内成为一个强有力的商业成功案例。

即使没有短期利润的动机，这些企业也有多个培育影响力投资能力的诱因。这些努力使它们能重建来自监管机构和公众的商誉。它们还为新人和当前员工提供了灵感。最后，正如我们在相关领域看到的，影响力投资为快速的业务拓展提供了一个令人感兴趣的新领域。如果他们能够增加新业务线，审计影响力报告，评估社会影响力并为影响力投资产品的新领域提供建议和研究，想象一下所有这些参与的增长潜力。

作为新兴学科的影响力投资

受到客户推动，以及其他令人信服商业因素拉动，资本市场机构正在寻找进入影响力投资领域的道路。但是，它们如何武装自己，才能在影响力投资中蓬勃发展？影响力投资并不仅仅是另一种衍生产品或投资结构，可以让来自不同领域的投资者轻易地理解和管理。相反，它需要独特的专业技能和敏感性的综合。无论是指拥有这些技能的投资者，如综合性专业人士[凯洛格基金会的汤姆·里斯(Tom Reis)所使用的术语]，还是指拥有掌握了特殊技能的突变型经理人(我们在

第九章描述的），行业领导者很快就意识到，影响力投资正在形成自己的学科。

这门学科需要时间来整合完善。多年来，我们中有很多人都期待着有一天，主流投资者出现在影响力投资的清单中。令我们感到高兴的是，最近几年，已经看到许多拥有这种技能与天赋的人进入了该领域。然而，在某些方面，钟摆已经摆得太远，以致到了“只有金融分析师才能申请”的地步。未来的影响力投资者需要把传统投资者的严谨分析和政治洞察力、协作的本能，以及了解有效的社会变革推动者的社会部门，整合在一起。

影响力投资的成功特征

虽然影响力投资机会跨越了许多各种不同的规模、结构、资本类型和行业，但其中的某些特征是常见的。对影响力投资来说，典型特征是在新兴子领域投资，其他的则是独特的。

在新行业或地区运营，不可避免地需要在没有丰富的行业研究、基准数据和竞争对手分析的情况下进行投资。新领域的投资者必须学会如何在几乎没有记录的情况下发现优秀的基金经理。他们往往必须建立其所缺乏的基金管理和投资能力。这些都是前沿市场投资的共同特征，并广泛地界定了影响力投资行业的现状。

但是，即使行业成熟，拥有基金经理和投资表现方面的数据，投资者仍将面临独特的需求（和机遇）。在大多数情况下，影响力投资者需要有效地与各种各样的合作伙伴进行合作，包括提供互补技能和资本的政府和非营利团体。这些伙伴关系对影响力投资者是至关重要的，有助于扩展和维护在政治上有争议子领域的经营许可。

毫不奇怪，具有前沿市场投资背景的投资者，可以更轻松地将他们的技能转化为影响力投资。他们是舒适的和精明的，通过评估投资的潜力而不是他或她的记录口径来做出投资决策。他们知道如何带来更多的资源，而不仅仅是资金，来支持投资对象，通常情况下需要手把手建立其业务和基金管理平台。前沿市场投资者就像合唱团的领唱者，他们对影响力投资感到兴奋，因为感觉“就像我在20世纪90年代初开始在东欧投资时一样”，或者“就像我们在20世纪70年代把风险投资带入欧洲”或者“就像十年前的印度”。

但是，影响力投资并不“就像”以往任何的事件。当前沿市场出现动态式衰退的时候，影响力投资者的独特成功特征，将在鲜明的对比中脱颖而出。影响力投资者需要具备一种非同寻常的换位思考能力。他们还需要培养直觉，以理解任何交易中可能出现的复杂兴趣和视点。传统的商业教育无法使投资者做好足够的准备去动员社区组织、政府投资基金或有许多不同影响目标的投资者一起工作。

成功的影响力投资者还需要足够精明，以抓住机会，创造社会价值，并且令人信服地传达社会价值。特别是在投资与低收入社区互动的公司时，影响力投资者始终不要被“剥削穷人”这种诽谤所误导。避免这个标签不仅仅需要良好的营销。影响力投资者也需要政治洞察力，以了解如何建立和维持可以确保长远利益的支持。这不仅仅与安抚政府和社会团体有关。埃哥亚基金的阿尔瓦罗·罗德里格斯·阿雷吉指出,影响力投资者也需要换位思考,才能赢得社会企业家的信任,这些社会企业家通常存有疑虑,就算投资者给企业家更多的钱,也不容易消除这种疑虑。

最后,在这个扩张的早期阶段,影响力投资者需要有非比寻常的耐心。建立综合价值不是一场轻浮的或容易感到沮丧的游戏。保证复杂的合作伙伴关系能够经受住不可避免的考验,是很了不起的工作。来自完全不同世界的、持怀疑态度的合作伙伴,说服他们认识到你的好意,是值得尝试的。并且,在一个为了多种不同目的而组建的机构中,维持新业务部门的内部支持,可能是孤独的。

寻找超越平衡的综合

闭上你的眼睛,想象一个"典型的投资银行家"。现在想三个形容词来形容这个人。我们以本书的价格或更多的钱打赌,"善解人意""社会动机""有耐心"这些词不会在你的词汇清单里。但是,我们也确定,只有这些特质的传统的非营利性组织领导人和社会活动家如果成为影响力投资者,注定是要失败的。影响力投资所需要的专业,可以精明地用这些非典型特征补充传统投资的综合性。

早期影响力投资者都有分立世界双方的工作经验。你在本书中看到的影响力投资者体现了这种经验:根资本的威利·富特在华尔街工作之前,花两年时间报道农村贫困。摩根大通的克里斯蒂娜·莱永胡武德(Christina Leijonhufvud)在她的投资银行职业生涯之前,曾在世界银行中亚分部工作。埃哥亚基金的阿尔瓦罗·罗德里格斯·阿雷吉在非营利性的安信永工作,且在其公司职业生涯中,始终与小额信贷银行康帕多合作。

随着影响力投资的成熟,将开辟新的职业道路,使专业人士可以完全跨越在分立世界工作的需求。在接受整合了所需要的技能的正规培训之后,他们将在影响力投资业务单元上磨炼自己。另外,成为一名高效投资者和社会变革人员所需要的技能和素质,可能很难融入大多数人,就像棒球运动的投球与击球一样,它们是如此专业,以至于没有哪个球员可以同时擅长这两项运动。在这种情况下,综合能力需要从世界各地挑选人员组成团队,就像棒球团队给优秀的击球手配以优秀的投手一样。

影响力投资的新工具包

除了发展新技能,影响力投资者还需要给资本市场带来新的投资方法。到目前为止,投资者已经在很大程度上采用了传统的投资结构,并且将它们应用到了筛选社会影响力投资机会中。当影响力投资银行家和基金经理们需要说服持怀疑态度的资产所有者,让投资发挥作用时,这是有意义的。第一个商业化小额信贷资金和交易,诸如国际免疫融资机制债券出售,仅仅是因为它们的创造者特意进行包装,使其看起来就像主流交易和投资工具。

这是一个良好的开端。并且对于一些子行业来讲,它已被证明是强大的和有效的。但是,标准的投资结构并不是为影响力投资创建的。在许多行业中,影响力投资需要比封闭式私募股权投资基金有更多的耐心。最好的影响力投资管理团队可能会对激励，而不是参与利润分配做出反应。并且，很多创建综合价值的机会，需要政府和投资者之间建立一种全新关系。

试想一下，你在一个只有钉子的世界里发明了一颗螺丝钉。在这个世界里，木匠只会用锤子，因此，在开始时，你需要弄清如何使螺丝钉的职业道路看起来像他们过去经常锤击的钉子。但是，为了充分利用螺丝钉的职业道路，你最终需要做出螺丝刀。现在，影响力投资者开始修改标准的基金结构（锤子），以更好地使用影响力投资（螺丝）。他们提供的补偿费用与社会以及财务绩效和管理费用结构相关，承认影响力投资基金经理必须承担的额外工作。

现有结构的这种修改适用于某些区域，但是，最令人兴奋的影响力投资在本质上是不同的。最后，我们不得不建立许多全新的工具，用于创建综合价值。我们在第五章描述的社会影响力债券是一个在投资结构上深度创新的例子，很有发展前景。这个概念利用了基本的投资银行洞察力，而且提供了一种激进的新方法，资助基本的社会服务。与这种方法同样有远见的变种方法，包括率先在秘鲁社会期货交易所（Social Futures Exchange）出现的优质市场（quality markets）概念，以及在世界各地市场中出现的多样化生态系统。

这些实验表明，创新的承诺始于我们需要解决的问题，而不是我们需要适应的现有标准。虽然在短期内，对于像埃哥亚基金这样为资本市场提供其熟悉的结构的基金经理而言，资金筹措会更容易，但是，影响力投资产业在长期内会打破先例的约束，建立新标准，使之与创造综合价值相关的投资管理工具相匹配。只有这些根本性的创新，才会释放影响力投资的全部机会。

拓宽入口

我们最终需要多宽的入口？到目前为止，我们只停留在富得离谱、大得荒谬的领域。持有1亿美元资产的家族办公室，拥有5 000万美元账户的私人客户，以及具有1 000亿美元资产负债表的养老基金，是主要的影响力投资者。但是，现在普通投资者的参与机会是极其罕见的。

至关重要的是，弄清如何在零售层面利用影响力投资，但是，可能不是你所想象的原因。如果仅仅是寻找资本的投资，那么可以找到比影响力投资行业更多的资本。但是影响力投资往往不只是钱的问题。它在我们的资产和价值观之间，建立了一种更加一体化的关系。它是关于改变社会价值观，以及如何组织所有的资源来实现它的问题。如果影响力投资仍然由少数人主导，就不会发生真正的整合和社会转型。

开发零售产品

资本市场提供的三种民主化渠道，是将影响力投资扩展到更广阔世界的至关重要的路径。最方便的是零售金融产品，诸如存款证以及你可以在本地零售银行分行购买的货币市场产品。最低投资额要求低,这些产品对大多数能够进行长期投资的人开放。影响力投资者开始开发零售产品。在美国,卡尔弗特基金会(Calvert Foundation)一直是这个市场的领导者,其社区投资票据(Community Investment Note)提供了较低的个位数财务回报,并报告投资小额信贷机构和低收入住房开发商所产生的社会影响力。在英国,慈善银行(Charity Bank)同样使用客户存款向慈善机构和服务提供商发放贷款。在荷兰特里多斯银行(Triodos),通过为储户和投资者提供一系列影响力投资选择,成功地发展了其资产负债表。并且,通过像 Microplace. com 这样的公司网站,可以获得越来越多的零售产品。

动员社区周围有共同利益的零售资产,让影响力投资变得更有潜力。法国食品公司达能(Danone)通过向法国雇员征求投资,筹集到价值 1 000 万美元的投资基金,支持影响力导向合资企业的早期投资。法国公司所有员工的 25%投资该基金,表明大公司存在一种尚未开发的能量,其员工渴望与自己的工作有更深的联系。这种创新代表着令人兴奋的一步,超越了传统企业慈善事业或企业社会责任的倡议。

有魅力的经纪人

零售产品和私人银行之间存在着数以百万计的经纪人和金融顾问,这些人可能会成为一种强大渠道,以实现影响力投资的民主化。实现这种潜力是困难的,因为在经纪业务中,只是单纯销售。理财顾问必须引导一系列由新产品组成的复杂组合,在很短的交谈中,帮助客户做出投资决策。大多数顾问无法承诺,把每个客户带到综合价值树林中的发现之旅。

但是,对能够满足日益增长客户需求的顾问来说,回报可能是非常大的。他们可以建立新的客户关系,并深化现有客户关系,随着他们将其产品扩展到新领域——结合客户的经济利益与相关领域的关注。影响力投资允许顾问和他们的客户讨论财富的目的,而不只是对其进行量化分析。很多人觉得这是一种变革的经验,提高了他们与自身工作的联系和保留客户的可能性。

很少有理财顾问具备实施影响力投资策略的能力,因此,企业家们在建立企业,以满足他们的需求。ImpactAssets 是 2010 年发起成立的非营利性美国金融服务公司,旨在成为影响力投资领域和主流财富管理和资产所有者之间的转换者。ImpactAssets 汇集新思路,并了解影响力投资领域所发生的事情,有效地填补了这一角色,与财富管理者和家族办公室合作,共同创建多管理者的投资工具。2011 年,公司推出 ImpactAssets 50,评选在资产类别和影响力投资方面表现最出色的管理者。一个有经验的专门小组对潜在企业按照一系列财务和影响力标准进行评估,挑选出影响力投资行业的领导者。评选工作提供给投资者一个起点,探索什么样的人力资源管理系统能够匹配特定投资者的影响力形象。在英国,善举投资(Investing for Good)率先帮助理财顾问明确了影响力投资的选择,并且现在已经与慈善银行合并。其他平台的兴起,有助于理财顾问及其他投资者熟悉范围日益扩大的影响力投资选择。像 ImpactBase 和 GATE Impact 这样的项目,提供了投资者数据，以促进潜在投资公司和基金的初步审查。

对于有意配置影响力投资的金融顾问来说，捐助者建议（Donor-advised）基金是一个特别有趣的目标。这些都是具有高度影响力的资本池，因为它们的所有者已经将这些资金预先提供给了慈善机构，但是，在等待确定所要捐赠的项目时，会将它们投资于营利性项目。现在，大多数投资经理和经纪人只要提供给客户几千美元，就能建立捐赠基金的能力，使他们接触到比典型私人银行产品更多的客户。像施瓦布（Schwab）和富达这样的大众市场财富管理公司，开始跟随为捐助者建议基金客户提供影响力投资选择的 ImpactAssets 及其他机构，在这个时候，通向影响力投资的道路，就得到了大幅扩展。

构建社会证券交易所

除了零售产品和经纪服务之外，一批新的“社会证券交易所”（Social Stock Exchange）已经启动，以迎合投资者的兴趣，更直接地进入影响力投资。在这些“证券交易所”中，很多人实际上是慈善经纪人，他们为慈善项目劝募。但是，有些人专注影响力投资，旨在通过将投资集中在单一的平台上，降低影响力投资者的搜寻成本。早期原型是围绕两种商业模式进行合作：规范的交易所和便利的交易所。

规范的交易所使影响力投资的公开上市及二级市场交易成为可能。这些将吸引某些社会企业家，他们渴望筹集公共资本，但不愿意在标准交易所上市，因为在这些标准交易所的上市要求阻碍了管理团队追求其社会使命。交易所将为上市公司取得影响力投资的资格，提供一种可靠的保证。它们将产生大量的溢出效应，通过提供一个更现实的、可及时退出的机会，让处于早期阶段的影响力投资更具吸引力。英国的社会证券交易所和总部位于新加坡的亚洲影响力投资交易所（Impact Investment Exchange-Asia），率先推出了规范的交易所。

一般情况下，便利的交易所专注于将投资者与地方社会企业联系起来。作为强烈反对现代资本市场超全球化的回应，这些措施往往连接投资者与当地企业和非营利性组织，寻求额度相对较小的贷款和股权投资。这些交易所可以极大地降低投资者的时间和成本，并且社会企业通过创建在线交易清算所，能够集中到一起。通过互联网的交易效率，这些交易所最终可能使投资者为当地食品储藏室、课外活动或房地产开发做出 20 美元的投资。纽约的 MissionMarkets、南非的 Nexii 和多伦多的社会风险交易所（Social Venture Exchange），都是这个领域的早期创新者。最近，这些先驱者加入了面向机构投资者的新型影响力投资市场 GATE Impact，后者承诺为影响力投资开辟广泛的资本流动路径。

资本的未来：适应还是变革？

这一讨论突出表明了现代资本市场的复杂性。影响力投资将自身看作复杂性的另一个维度。但是，影响力投资如何适应呢？它们会不会被认为是一种新的资产类别？或者说，影响力投资的精神会不会注入整个资本市场中？这不仅仅是学术上的争论，它凸显出影响力投资领域两种截然不同的景象。

一方阵营的人坚持认为，影响力投资成为自己的资产类别。与影响力投资者一样，对冲基金在债务和股权方面进行了广泛的投资。但是，由于它们需要独特的投资技巧，已经形成的标准和基准，具有自己的费用结构，专门的行业协会，以及可能最重要的是，投资者将投资组合中的既定部分配置到对冲基金类别，所以它们越来越被视为一种资产类别。为了解释这一名称，2010 年的研究报告指出，“影响力投资：一种新兴的资产类别”。摩根大通和洛克菲勒基金会认为，影响力投资这些特点与对冲基金和其他已确认资产类别基本一致。

本章的例子证实了这一观点，影响力投资正在成为自己的资产类别。主流投资者创建业务单位，致力于影响力投资，横跨传统资产类别。在影响力主题下，TIAA-CREF 影响力投资部门组织债务、私募股权和现金投资。瑞银的价值投资单位同样聚集在一个屋檐下，需要产生和交流综合价值的技能和观点，正如摩根大通社会金融部和摩根士丹利的全球可持续金融小组一样。全球影响力投资网络(The Global Impact Investing Network)支持类似组织之间的协作。

利用资本市场

克里斯蒂娜·莱永胡武德，

摩根大通银行社会金融部总经理，纽约州纽约市

在华尔街为主权国家提供咨询并管理主权风险 10 年后，我越来越倾向于回到关注可持续经济发展上(在摩根大通公司工作之前，我曾在世界银行中亚分部工作)。我业已沉迷于诸如小额信贷这样的投资模式，这似乎对穷人的生活产生了显著的积极影响，并且其规模要超过仅靠捐赠支持的规模。

因此，在 2006 年，我利用休假时间成为世界上最大的网络社会企业阿育王的一名顾问，我相信，社会企业领域正在蓄势待发，可以利用资本市场支持其增长。这种认识促使我提议摩根大通在投资银行开设一个业务部门，旨在为社会企业、投资基金和有兴趣的投资者提供金融服务。2007 年，社会金融部诞生了。

最初，这个明显的机会出现在快速增长的小额信贷部门，其中专门的私人投资工具正在激增。我们投资中等规模却享有很高声誉的小额股权基金，并帮助后者向大型机构投资者筹资。这种情况向高级管理层表明，投资银行客户对明确定位于社会影响力的投资产生了浓厚兴趣。也就是说，我们的方法非常谨慎；我们保持团队精炼，并且依赖于公司周围有兴趣的员工。

社会金融部最鼓舞人心的一个方面是，从摩根大通来的员工都保持着强烈的兴趣和热情。在随后的一周里，我们发布了内部公告，近千名投资银行员工发电子邮件或打电话给我们，以各种各样的方式表达出自己的兴趣。我们立即意识到，我们需要创建志愿者项目，将其中一些技能引导到更广泛的社会企业市场。现在，我们的兴趣清单已经发展到几千名员工。

从一开始，我们就将社会金融作为一项事业来运作，而不是作为企业基金会的一部分。一旦离开补助金，给予期待的任何一种投资回报水平，那么通常情况下，人员配备技能组合,尽职调查的要求、系统、治理就不会出现在典型的基金会中。这对吸引可以构建交易和进行投资的员工至关重要。这也向我们的员工和潜在投资者表明了我们的愿景,即将影响力投资建成为投资者认可的资产类别。

这就是说,我们的业务单位是独特的,同时追求社会影响力和资金回报。它需要量身定制的公司治理和薪酬结构。社会金融部工作人员不像主流投资银行家那样获取薪资。此外,预期投资回报门槛低于银行其他部门。我们还与公共部门和基金会进行伙伴合作,引入补贴或首次亏损资金,在行业演进过程中的这个阶段完成交易。

自2010年以来,我们已经看到,摩根私人银行客户对影响力投资的兴趣出现大幅增长。我们相信,这些高净值人士推动影响力投资发展到一个新水平,因为它们不受受托人或监管约束的限制。尽管如此,还要做大量工作,来管理客户的期望,并识别和物色与个人客户利益相一致的投资产品。

维持我们的业务模式运转并不容易。很难获得大规模的可行投资机会,以证明结构化、尽职调查和分销成本的合理性。在很大程度上,仍然是影响力投资的私募市场,交易是高度定制的,针对特定的社会或环境问题。业务及基金经理的可跟踪记录是有限的。投资基础设施,如刚刚开始出现的第三方社会影响力评估体系,将使市场更有效率。

最重要的是,我们必须看到,显示社会影响力的交易越来越多。最后,只有重大交易才能最终将新兴的影响力投资热情转化为可持续发展的动力,从而使我们能够利用资本市场来应对大规模的社会挑战。

但是,一些主要影响力投资者基于事实和愿望反对资产类别名称。一些纯粹主义者,回归到资产类别的传统定义,即定义一组具有类似金融特征的投资。也许更有意思的是,那些担心将影响力投资定义为资产类别的投资者,对影响力投资本身来说就是危险的限制。这些人认为,当终极目标是在所有投资决策中注入捕捉综合价值所需的精神和实践时,资产类别名称会使影响力投资限制在组合中的安全细分市场。我们在本书中看到的投资者,也证实了这种观点。陈安妮寻求让其整个投资组合产生综合价值的方法。加拿大的比尔·杨寻求一种法律结构,允许其所有私人基金会的资产投入影响力投资中。所以,主要的家族办公室投资者,诸如Springcreek咨询公司的劳尔·波马雷斯(Raul Pomares),为自己的客户提供各种跨越资产类别的影响力投资组合。

两个阵营都是正确的。在这种情况下,你站在哪个阵营,实际上取决于你坚持哪种观点。对于主流机构投资者而言,资产类别名称是适当和有力的。这个名称激励该行业围绕机会组织起来,让团队发展它们所需的技能、实践和网络,以及将影响力投资成为一个子行业。

然而,对于越来越多对影响力投资感兴趣的个人和家族及其服务他们的顾问来讲,资产类别名称会存在限制。当然,存在着无意间让影响力投资成为少数人参与的风险,始终谴责1%的配置,来让批评者息声,并且证明投资者不仅仅是由"金钱”驱动。实际上，大量资产所有者和资产管理者已经告诉我们，他们想要在整个投资组合中引入影响力投资。例如，香港 Sterling Group 家族办公室负责人邦尼·兰德斯(Bonny Landers)认为，她有责任在整个投资组合中最大限度从事影响力投资。

描述这种差异的一种方法是，认识到这些投资者的目标是创建一个影响力投资组合，而那些专注于影响力投资作为单一资产类别的人则寻求影响力配置。影响力投资组合和影响力配置，为知名企业和企业家提供重要推动力，为专注于影响力的全球资本市场构建新的结构和体系。通过投资于追求长期可持续发展而非短期业绩的公司，越来越多的投资者创造了可持续的价值。这种公众市场方法正在迎头赶上，以满足影响力投资的要求，后者寻求在风险投资或私募股权的早期阶段产生综合价值。最终，在价值驱动型投资创新的大背景下，影响力投资可以与其他社会责任投资者并肩而行，而不是仅仅占有一席之地。如果发生这种情况，影响力投资者将在整个持股中注入综合价值精神；它们不仅会影响如何释放一些资产以解决社会问题，而且会影响我们对价值性质和投资目的的核心理解。

第十一章　如何理解森林和树木

——创建追求综合价值的影响力投资新生态系统

这本书描述了激动人心的事件，并向你介绍了拥有鼓舞人心生活的开创性人物。但是，最终，影响力投资综合价值不仅仅是汇总这些经验。它是一个思考和实践的综合系统，从不同系统主导的领域中涌现出来。

当系统冲突时，机遇和挫折比比皆是。但是，一旦我们意识到影响力投资是一种系统性建设任务，就可以吸取历史和理论的经验教训，了解过去为了实现类似变化而发生的事情。这些教训告诉我们，当不习惯合作的人开始开展协作，将现有观点整合成新的可能性时，就可能发生巨大变化。它们告诉我们，不能单独使用说服性分析来改变系统，而是必须应用我们全部的情感和精神智力。这些经验教训提醒我们，要认识到权力系统，必须塑造我们所有人——我们每个人都有参与改变它们的权力。

构建这个新系统不是一个线性过程，沿着从 A 点到 B 点的坦途行进。相反，我们将穿过遥远的山脊，才能发现它是一个通道，将我们带入另一个未知的山谷。我们定义战略并朝着目标执行每一个步骤，但是，也存在起起伏伏、向前行进和横向漂移。我们会到达那里，但这需要时间、关注和承诺。并且，影响力投资一直都会存在沿着利润和目标顶点山脊线的危险徒步旅行。

影响力投资并不是为了填补数十亿美元资金缺口或拯救地球的车尾贴式解决方案。由于你管理自己的养老金账户或在接下来的几周内重新配置自己的投资，因此贫困不会明天就结束。新系统以在社区内深度资本投资的合理速度进行传播，并不会按季度显示收益报告。

除了启示之外，我们试图为你已知的事实提供保证，帮助你去更清楚地看到影响力投资所创造的新路径。让我们回顾几个事实：

● 相比于你死后所留下的财富数量而言，你的生活和遗赠更有价值和意义。

● 在不产生或破坏社会和环境价值的情况下，你就无法追求财务回报。你如何赚钱，并如何分配它，同样反映了"你是谁"这个问题。

● 你可以执行投资策略，在达到适当财务绩效水平的同时，产生社会和环境价值。只有你才可以为自己确定恰当的财务和社会回报组合。你不需要为产生影响力而放弃财务回报，但是，对财务预期和风险偏好的灵活性会扩大你可以使用的投资选择。

● 资本市场是由人创建和维护的。它们不是由"上帝之手"传递下来的。通过管理你的投资，与孩子讨论钱，对你的资产管理人员提出要求，追求自己的事业和激情，你每天都在影响着他们。

站在最前沿：我们未来的两个愿景

在整本书中，我们描述了开创性的影响力投资者正在播下新方案的种子，以应对社会和环境挑战。尽管它们出现在敌对的环境中，但是其中一些幸存了下来，甚至欣欣向荣。但是，就像平原边缘的树木一样，如果这些解决方案中幸存者足够多，它们就可以开始改变周围的环境。它们可以形成一个新的生态系统，培育随之而来的物种。让我们来看看，我们想要创造的世界是个什么样子，以及我们如何去实现它。

场景一：青翠的综合价值树林

让我们站在自己领域的前沿，想象一下，在10年或者20年中通过这片青翠的综合价值树林时，我们所能够看到的景象。早期的实验项目已经成长为成功的橡树，改善了数百万人的生活。清澈的资本流轻松地在树林中穿过，滋养着几十年来在这里放牧的牛群，并为新来的牛提供饲料。穿过树林的通道明亮又安全，任何人都可以冒险进入其中，而不仅仅是身无外物的少数勇敢者。在这些树林里：

- 几乎所有的孩子，甚至是生活在世界上最贫穷城市的孩子，每个工作日上午都会去上体面的学校，因为平价学校运动提供贷款，建立了数千所学校，让公共资源更有效、更有针对性。
- 通过大量营利性和非营利性社会企业提供支持性就业、社会服务和住房，以前无家可归的人们找到了带薪工作。
- 过去曾经漆黑一片的地方，夜晚的景观灯光由私人公司装配的太阳能电池板驱动，投资于这些公司的投资者，通过太阳能发展债券获得了风险调整后的、有竞争力的回报。

随着这些树林的扩展，它们吸纳了那些习惯于在慈善领域耕耘的农民，以及那些在盲目追求财富中被困于泥泞和混乱中的城市居民。这些农民和城市居民不必放弃他们的工作，而且还从新机会中受益：

- 顶尖人才加入并留在投资银行，因为他们可以通过影响力投资部门进行轮换，并创新财务结构，传播传统做法。
- 理财顾问建立营利性业务，为客户提供综合咨询，帮助他们在慈善事业、影响力投资和可持续商业市场配置等方面，实现其价值与投资的一致性。
- 私人基金会将所有资产、财务和人力资源直接用于自己的使命。
- 养老基金承认自己的职责是为成员管理更美好的未来，而不仅仅是为了最大化他们的退休账户规模。
- 立法者创造新的企业形式，让企业家走出令自己感到扭曲的困局，尽其所能地创建企业，创造财富，尊重自己的员工，并为有需求的社区提供更好的产品和服务。

● 亿万富翁保证充分利用自己的资产来应对紧迫的社会和环境挑战，而不是仅仅捐出自己的一半财富。

● 广泛认可的测量标准使我们能够确定最肥沃的土地和最有前景的新发展，并评估和保护整个森林的健康。

这是新的一天。

场景二：一如往常的商业焦土

影响力投资已经集聚了足够多的动能，它们不可能消失。但是，这并不意味着健康的和可持续的生态系统愿景即将实现。一种不太乐观的愿景可能也会实现。

我们可以看到新树在萌芽，并在冒险的先驱者脚下，路径开始形成。但是，忽视了树林中更好生活的可能性，一些农民正在侵害树林。他们准备将这些树林夷为平地，这样它们就不会对现有的"一如往常的商业"庄稼产生任何影响。太阳依然照耀着土地上发芽的幼苗，然而却没有阴影的遮蔽保护。直立的树木点缀着这里和那里的风景，但是还没有形成单一的生态系统。在它们之间的穿行仍然困难。

站在这些树林的边缘，我们可以设想一个更加黯淡的未来，树林枯萎、溪流枯竭、创新和兴奋的肥沃土壤被自满和惯性的风吹走。在未来：

● 投资银行家放弃其建立影响力投资能力的尝试，在经济繁荣时追逐更容易获得的回报，并且在不可避免的衰退期间退出去销售传统产品。

● 理财顾问对传统投资重新包装，使之看起来有影响力，从而满足客户对影响力投资选择的要求。

● 私人基金会无法克服影响力投资的结构性阻力，并通过拨款满足他们的慈善支出要求，将其余的资产留给过去的纯利润投资逻辑。

● 政客们集结持怀疑态度的公众，反对"剥削穷人"的企业和银行家保护其对社会服务交付的垄断。

● 在投资者、企业和社区中赢家通吃的传统思维和实践中，协作和创新退居次位。

明天看起来甚至比今天还要糟糕，因为我们无法构建所需的新系统，来应对日益增加的全球性挑战规模和复杂性。

实现整合性体系的愿景

那么，哪种愿景会成为现实呢？你如何走，你往哪里看，你要做什么：所有这些都能够影响未来，以及你在其中的位置。我们无法告诉你未来会发生什么，但是，我们提供了几条结尾式的观察结果，供你在继续旅程时仔细考。

从头开始

世界上的机遇和挑战如此巨大，以至于从我们现在所处的位置根本无法想象。我们正在建设的系统，最终将涉及数万亿美元和数百万人。

但是，我们又怎么让新人参与到目前为止的内部讨论中来？我们肯定会多次重回旧地，每次增加新人都要求我们回到原点。越来越长的报告、论文和共享知识，可能会缓解这一过程。但是，如果近 20 年的资料稍有遗漏，那么许多新来的人将无法知道自己不了解什么。他们会问很多老问题。而一些“新”观点的支持者，会毫不知情地将以往工作忽视掉，并强调过去曾多次提出和处理过的观点。

通常情况下，最好的观点出现在我们周围已建系统的孤岛之间：例如，专业或细分市场或代沟。它们可能出现在国家和文化之间，或者存在于组织架构之间，诸如在营利性、非营利性和复合形式之间的夹缝中。无论哪种形式，企业家的想法都源自个人和团体，这二者不是主流的一部分，然而可以看到更大的文化和商业流。因此，尽可能地在我们熟识的领域间寻找那些隐藏着机遇的温床，找到有价值的点子和合作伙伴。

做好长期准备，并耐心等待，因为我们可能反复回到那熟悉的原点。

避免变成“那些新人”

系统变革的激进式工作激发了人们心中的热情，这些人相信自己在谎言的世界中发现了真相。这种激情驱使和鼓舞我们，并充实了我们的全球社区。但是，对于我们寻求创造东西的愿景，以及如何实现这种愿景所需要的谦逊与协作来讲，它也有可能产生威胁，让我们看不清事实。

这种人我们见得太多了。小额信贷公司将它用于各种正义或邪恶的用途。一些本应该担起社会责任的投资领导，也将影响力投资视为毫无新意而弃置不用。

我们当然应该追究彼此的责任。毫无疑问，更多的对骂和辩论较量是不可避免的。但是，当我们把注意力放在这些问题上时，我们忘记了在漫长的旅途中，需要一起协作同行。我们不要再搁置创新，认为：“有什么稀奇的，我几十年前就研究过那些了！”相反，我们可以自问：“如何用这个东西来改进我们的工作，怎样为我们的进步做贡献？”让我们永远不会成为“那些新人”，他们自以为找到了真理，当机会来临时，拒绝变革。

突然间有变化了

影响力投资是一条崎岖不平的道路。这是所有公司和系统都无法避免的。与传统投资一样，影响力投资也得在过程中处理麦道夫（Madoff）丑闻和次贷危机。它进行预估和评价，保护投资者可能遭受损失的资产。但是，请不要惊慌失措。请记住，船泊在港口是安全的，但是，船不是为了泊在港口才被建造的。走出去，探索广袤的金融海洋，汹涌的波涛是一定会来的。

去伪存真

新的不一定都好。在今天的世界里，任何一个互联网用户都可能迅速想出一个非常好的点子。面对这种情况，投资者要有适当的关注。我们要通过早期投资和热烈讨论来鼓励创新。但是，切忌在未对一个点子进行充分的测试、细化和验证前，就做出盲目判断。很多看上去不错的点子，可能会分散我们的注意力，让我们忘记了需要耐心，提炼和验证这项重要任务。

在影响力投资中，我们需要时刻保持清醒头脑，不能让发现下一个谷歌或脸谱(Facebook)公司的激情，凌驾于大量的调查和反思之上。当我们投资新公司时，如果它们还没有受到充分的审核，我们就从其他投资公司中挪用对于这些公司来说宝贵的资金来资助它们，那么甚至会真正伤害到我们旨在扶持的社团和创业者。

观察野草生长

以前美国西部开荒者非常享受未知的冒险。但是，他们也曾长时间地坐在窗边，看着窗外漫漫的野草。他们的日记告诉我们，他们遇到的最大挑战是，那些简单无聊的琐事和不断重复的任务。本着这种精神，影响力投资者需要做好准备，直面单调乏味工作，因为我们可能要用很长的时间在社会资本市场中寻找规律，引入标准投资产品，找到真正有效的价值评估模型。我们需要参加许多会议，通读许多报告，并参与看似无休止的讨论。

请注意：无聊肯定会有的。

但同时也请记住：并不是所有的会议和草案都需要你参与和评审。日益融合的全球投资者社区在建立新市场并寻求新机会，你是其中一员。信任你的同事，让自己休息一下。

犯下新错误

虽然我们每个人都倾向于相信，我们这一代是独一无二的，但是，请不要忘记过去的教训。泡沫会出现。时尚不是一种趋势。傲慢是一位严厉的老师。我们可以从以前的投资家、社会革新家、社会领导和企业家那里，吸取许多重要的经验教训。听听他们的故事，学习他们的智慧，我们都在努力地对所了解知识创造新的理解。当然我们也不可避免地要犯错误，但是，我们要确保自己不再重复前人犯下的错误。

当心创意通胀

影响力投资者希望资助专注于重要的社会和环境问题，以及创新的、可持续发展的项目。这非常棒！但是，这种对创新的过度关注也是有害的。有些人等着影响力投资进入下一个谷歌，但与此同时，在现有公司、社会企业和投资基金中，还有数以千计的有稳定回报的、值得投资的项目。它们都是潜力股，等待着成长和资本扩张。当我们一心希望一锄头挖出个金娃娃的时候，可能会掀起多轮“创意通胀”，导致那些被我们看好的创意被过分拔高，成为“伟大的升值希望”，而那些不太抢眼而值得研究和投资的项目淡出视野。因此，我们需要保持谨慎，不要过分拔高新创意，而低估那些稳定的、不太显眼的投资。有时，增量的创新才是企业可持续发展和长期价值创造的面包和黄油。

打破桎梏并挑战心智

影响力投资正日益成为一个资产所有者和投资者的主流选择，在资本市场创新和转型过程中，它还是有很大空间的。从字面上理解，这意味着变化——换个思路，从另外一个角度想想投资实践，找到我们所寻找价值的真谛。

虽然我们不应该鲁莽行事，但是，不能让现有的系统来限制我们的思维。我们应该尝试突破以前我们熟知的系统界定。必须打破现有系统的惯性思维，发挥想象，挑战传统认知。

你要扮演的角色

随着晨雾慢慢消散，我们渐渐清楚地看到一个历经波折、迅速增长的系统。它的前景让无数人为之激动。不过，这都是早些年的事情了。现在，金钱正以一种有趣的方式，改变着人们及其创建的系统。

不论你身居何职，在这个新系统里面，你都不是一位被动的观察者。通过选择前进或者后退，你都在影响我们生活着的这个系统。问题不是“我怎样才能影响系统”，现在的问题是：“我的决策会对系统产生什么样的影响？”我们都有自己的角色：

● 如果你是这个系统里奔波忙碌的先驱，那么用你的专注和胆识来引导你的公司，别忘了创立一个协作和竞争的框架。

● 如果你是一名资产所有者或管理者，那么要求你的顾问和基金管理者为你搭建和推荐市场投资产品，以及那些能够带来综合回报的平台。

● 如果你管理资金或者为他人提供投资建议，那么你应该尽职尽责地为你的客户和投资组合公司争取更多的综合价值。

● 如果你对政策和监管机构有影响，那么请为社会创业者及其投资者清除障碍，为他们提供更多的空间。

● 如果你是有责任教育下一代的领导者，请尽量引导他们对创造综合价值产生兴趣。

● 如果你才开始自己的职业生涯，请别重走那些不能真正帮助你实现梦想的陈腐老路。

我们每个人都共享一个包含综合价值的共同愿景，需要彼此之间进行交流。我们需要公开和诚实，因为影响力投资是合情合理合法的，在经济上也是可行的。我们必须言行合一，在投资、评估、庆祝那些解决社会和环境挑战时，需要对对方负责。同时，为利益相关者和投资者带来回报。

让我们一起来探索和培育这片茂盛的森林吧！

注 释

前言

[1] Jed Emerson and Fay Twerksy, *New Social Entrepreneurs: The Success, Challenge and Lessons of Nonprofit Enterprise Creation*. 这是最早探索社会企业家精神的图书之一，可以从REDF网站出版物板块，获得免费pdf文件。

网址：http://www.redf.org/learn-from-redf/publications/117。

[2] Jed Emerson, *The Nature of Returns: A Social Captital Markets Inquiry int Elements of Investment and the Blended Value Proposition*, (Social Enterprise Series 17, Boston Harvard: Business Schools, 2000).

第二章

[1] 2005年安东尼与穆罕默德·易卜拉欣在肯尼亚蒙巴萨岛的对话。

[2] 它的第一笔交易是1947年向法国提供2.5亿美元贷款，以实际美元计算，仍然是最大单笔交易。

[3] 通常被称为世界银行的机构，实际上是由两个实体组成的。国际复兴开发银行(IBRD)以市场利率向中等收入或信用好的低收入国家提供私人贷款。国际开发协会(IDA)向低收入国家提供优惠性贷款、担保和拨款。2010年，国际复兴开发银行借贷442亿美元，国际开发协会支出145亿美元。

[4] Julie Abrams and Damien Von Stauffenberg, "Role Reversal: Are Public Development Institutions Crowding Out Private Investment in Microfinance?" (Arlington, Va. Microrate, 2007).

第三章

[1] Xavier Reille and Jasmina Glisovic-Mezieres, "Microfinance Funds Continue to Grow Despite the Crisis" (CGAP, 2009年5月).

[2] Bhakti Mirchandani, "Microfinance Overview" Lehman, 2008.

[3] 印度政府在安得拉邦运营一个竞争的小额贷款项目是使当地产生危机的重要因素。这个角度被国际社会严重忽视，在印度咨询与投资顾问公司Intellecap在"Indian Microfinance Crisis of 2010: Turf War or a Battle of Intentions?"(2010年10月)中有详尽描述。

[4] Lydia Polgreen and Vikas Bajaj, "India Microcredit Faces Collapse from Defaults," New York Times, Nov. 17, 2010. 这个头条新闻在国际范围内都是典

型的，并且旁边就是一位女性照片，她的女儿在获得自己不能偿还的小额贷款之后，逃出了村庄。

[5] CGAP 发布了一篇引人注目的文章，文中调查了对一个组织的早期捐赠支持，最终为投资者制造有利可图的结果，是否恰当和有效，以及公众股权投资者在康帕多创造的社会效益上，可能会有的类似效果 。"CGAP Reflections on the Compartamos Initial Public Offering" (World Bank, June 2007)。

[6] "Compartamos IPO: Microfinance Doing Good, or the Undoing of Microfinance!" Microcredit Summit Neirs, 2007, 5(1). Elisabeth Malkin, "Microhnance's Success Sets Off a Debate in Mexico," New York Times, Apr. 5, 2008.

第四章

[1] 我们不会浪费自己的精力或你的时间，猛烈地攻击社会企业家精神的定义。我们只是观察到，社会企业家同时引领营利和非营利合资企业，并且他们提出可以同时获得收益和补助收入的商业模式。

[2] Matt Flannery, "Kiva and the Birth of Person-to-Person Microfinance," Innovations, Winter-Spring 2007, pp. 31—56.

第五章

[1] International Finance Corporation, "The Business of Health in Africa" (2007).

[2] 2010 年 摩根大通、洛克菲勒基金会的研究纪要"Impact investments: An Emerging Asset Class," 确定了一个 2 140 亿到 7 860 亿美元的投资机遇，要求为买不起基本住宅的城市居民建造房屋。

[3] "The Recession－Proof Business Opportunity in Low Income Housing" (Monitor Inclusive Markets, 2009).

[4] Hemando de Soto, Mystery of Capital: Why Capitalism Triumphs in the West and Fails Everywhere Else (New York: Basic Books, 2000).

[5] Woody Tasch, Inquiries into the Nature of Slow Money: Investing As If Food, Farms, and Fertility Mattered (White River Junction, Vt. : Chelsea Green Publishing, 2010).

[6]"Give to the Soil Trust" (June 10, 2010).

[7] Ashish Karamchandani, Mike Kubzansky, and Paul Frandano 在"Emerging Markets, Emerging Models" (Monitor Inclusive Markets, 2009) 中指出：当大型企业有大量客户要应对时，往往无法专注于为贫困客户的创新。不要惊讶，现有零售银行已经达到了很大规模，没有小额信贷业务；每一个大型的小额贷款业务都是作为独立组织的一部分来组建。

[8] 在 Monitor Institute 2008 年的报告《对社会和环境影响力的投资》(Inves-

ting for Social and Environmental Impact)发布后,"苹果公司首次公开发行"的隐喻首次浮出水面。

第七章

[1] 在这种情况下,社区是指利益、组织和(或)地理社区。

[2] Monitor Institute, Investing for Social and Environmental Impact (Cambridge,Mass:Monitor Institute, 2009).

[3]"A Place in Society," Economist, Sept. 29, 2009.

[4] Malcolm Gladwell, Tue Tipping Point (New York: Little, Brown, 2000).

[5] Matthew Bishop and Michael Green, Philanthrocapitalism(New York: Bloomsbury Press, 2008).

第八章

[1] Michael Porter arid Mark Kramer, "Creating Shared Value," Harvard Business Review, Jan. —Feb. 2011.

[2] Robert G. Eccles and Michael P. Krzus, One Report: Integrated Reporting for a Sustainable Strategy (Hoboken,N. J. : Wiley, 2010).

[3] 关于 SROI 方法论的信息来源有很多。原来的 SROI 框架作为 Box Set 的一部分由 REDF 在 2000 年发布,可以从它的网站上获得。英国新经济基金会已经发布了几篇强调利益相关者参与作用的 SROI。SROI 网络运用现行的方法和资源维护一个网站。Social E-Valuator 提供了一个在线工具来计算 SROI——尽管它是面向生成一个单图,而不是一套反映了原来的做法的综合指标。Aquillian Investments 的布赖恩 · 邓恩,在 2006 年的"Modem Portfolio Theory—with a Twist: The New Efficient Frontier"(Aquillian Investments,2006)中研究了这个概念。

[4] 最近发表的"Impact Assets Issue Brief 2, Risk, Return and Impact: Understanding Diversification and Performance within an Impact Portfolio" 在这些想法上进行了更深入的探讨。

[5]菲尔 · 劳森(Phil Lawson)建立的网站 Sphere IT (http://www. spherit. com/)为这种方法提供了很好的介绍。

[6] IRIS 度量标准及其扩展应用,可以在下面的网址获得:http://iris. thegiin. org。

第九章

[1] 有趣的是,这不是一种新现象。本杰明 · 富兰克林为年轻的技工建立了一个 2 000 美元的循环贷款基金,参见 Rick Cohen,"would today probably be touted in the Chronicle (of Philanthropy) as a foundation innovation. ";Call for Mis-

sion—Based Investing By America's Private Foundations" (Washington: National Committee for Responsive Philanthropy, 2005), p. 5。

[2] 虽然美国税法中没有明确的排除使用 PRI 资本做出更有利可图的投资或投资盈利实体。

[3] Charles Pillar, Edmund Sanders, and Robyn Dixon, "Dark Cloud over Good Works of Gates Foundation," Los Angeles Times, Jan. 7, 2007.

[4] Steven Godeke and Raul Pomares, "Solutions for Impact Investors" (New York: Rockefeller Philanthropy Advisors, 2010). Tracy Palandjian, "Investing for Impact: Case Studies Across Asset Classes (Boston and London: Parthenon Group and Bridges Ventures, 2010).

[5] The More for Mission Campaign, the PRI Makers Network, the Global Impact Investing Network,以及其他为对采用影响力投资策略感兴趣的基金会领导人,提供资源和支持论坛。

第十章

[1] Hope Consulting, "Money for Good" (San Francisco: Hope Consulting, 2010). Nick O'Donohoe and others, "Impact Investments: An Emerging Asset Class" (纽约: J. P. Morgan Chase & Co. and Rockefeller Foundation, 2010). NESTA UK, "Research of Investor Interest,".

http://www.nesta.org.uk/home1/assets/features/new_research_maps_supply_and_demand_for_social_finance.

公开免责声明

在描述像影响力投资这样的动态领域时，我们不得不远远超出与书名相关的内容。我们努力提供最激动人心的事态客观发展情况，而不会过度倾向于我们个人所支持的观点和组织(并且旨在始终保持彼此诚实!)。也就是说，我们的资料不可避免地从自己最熟悉的工作中过分取样，这些工作反映的个人观点，来自我们所参与影响力投资行业的不同方面。一些特定的警示和免责声明似乎是值得的，让你自己来判断我们的客观性。

杰德是 ImpactAssets 执行副总裁，海德堡大学社会投资中心高级研究员，Sterling Group(香港)高级顾问。他一直是 SROI 框架的主要倡导者，旨在衡量投资的社会影响力。自从 2008 年开始，作为洛克菲勒基金会利用影响力投资倡议和与项目相关投资计划的领导者，安东尼已经支持了本书提到的许多组织和项目。最为突出的是他对全球影响力投资网络(他所在的董事会)及其影响报告和投资系统项目的支持。他还资助了共益实验室(尽管不是其政策倡导工作)和全球影响力投资评级系统的核心工作，通过洛克菲勒基金会与项目相关的投资组合来进行，他投资了埃哥亚基金，英国社会金融部构建的首只社会影响力债券，以及智者资本市场基金。同时，他还是哥伦比亚大学商学院社会企业项目副助理教授。

洛克菲勒基金会影响力投资倡议受助者及其 PRI 计划投资对象的完整名单可以在网站 www.rockefellerfoundation.org 中找到。

本书所表达观点纯属作者个人观点，并不代表任何与之相关机构的观点。

作者简介

长期以来,杰德·爱默生在影响力投资领域被公认为是一位长者。作为术语综合价值的发起人,他已经花了十多年时间,探索投资者和企业家如何能最大化金融和环境/社会性质的价值和绩效(www. blendedvalue. org)。他是 ImpactAssets 执行副总裁,海德堡大学社会投资中心高级研究员,Sterling Group(中国香港)高级顾问。他是 REDF 的创始董事,太平洋社区风险投资创始董事会成员,以及旧金山林肯街道服务的创始董事。他担任世代投资管理(Generation Investment Management)和威廉与芙罗拉·休利特基金会(the William and Flora Hewlett Foundation)高级研究员,并且一直在哈佛大学、斯坦福大学、牛津大学商学院任教。爱默生合著过三本书,发表过很多篇涉及许多学科主题的文章或论文,诸如社会资本市场、统一的投资策略和可持续对冲基金投资。他在世界经济论坛、斯科尔世界论坛等介绍过自己的成果。他与妻子在纽约有房子,但生活在科罗拉多州和挪威。

在全球影响力投资行业兴起过程中,安东尼·巴格—莱文是公认的领军人物。他设计并领导洛克菲勒基金会的影响力投资计划,监督其与项目相关的投资组合。2007 年,他召集的会议,创造了"影响力投资"一词,成为全球影响力投资网络的创始主席。他之前曾在肯尼亚和乌干达经营非政府组织 Techno Serve,在那里,他帮助开发并实施解决农村贫困的商业方案。在职业生涯早期,作为麦肯锡公司的顾问,他为财富 100 强的客户提供金融服务和医疗保健部门的咨询服务,并帮助开发新的框架,将社会动态纳入企业战略。作为南非人,他曾在 20 世纪 90 年代后期担任南非人权委员会代理传播总监,并担任非洲国家大会 1999 年竞选活动的演讲撰稿人和媒体战略家。他是哥伦比亚大学商学院社会企业项目副助理教授。他和妻子阿哈迪生活在美国新泽西州。